GUIA PRÁTICO PARA
UM NAMORADO PERFEITO

**FELICITY HUFFMAN
& PATRICIA WOLFF**

GUIA PRÁTICO PARA UM NAMORADO PERFEITO

Para quem quer ser um
Para quem quer ter um

TRADUÇÃO DE IRATI ANTONIO

Editora Rosely M. Boschini	Título originalmente publicado por Hyperion nos Estado Unidos e no Canadá como *A Practical Handbook for the Boyfriend*.
Assistente Editorial Rosângela Barbosa	Esta edição é publicada mediante acordo com Hyperion.
Produção Marcelo S. Almeida	Tradução para o português copyright © 2007 by Editora Gente Copyright © 2007 by Velocity, Ltd. and Patricia Wolff.
Projeto Gráfico e Diagramação Editora Gente	Direção de Arte by Michelle Ishay Design do Livro by Kris Tobiassen
Adaptação da apa Marcelo S. Almeida	Todos os direitos desta edição são reservados à Editora Gente.
Copidesque Sandra Silva *Revisão* Ana Cortazzo	Rua Pedro Soares de Almeida, 114 São Paulo, SP, CEP 05029-030 Tel: (11) 3670-2500
Preparação Alessandra J. Gelman Ruiz	Site: http://www.editoragente.com.br E-mail: gente@editoragente.com.br

Dados Internacionais de Catalogação na Publicação (CIP)
(Câmara Brasileira do Livro, SP, Brasil)

Huffman, Felicity
 Guia prático para um namorado perfeito : para quem quer ser um, para quem quer ter um / Felicity Huffman & Patricia Wolff ; tradução de Irati Antonio. — São Paulo : Editora Gente, 2007.

Título original: A practical handbook for the boyfriend
ISBN 978-85-7312-560-3

1. Encontro (Costumes sociais) 2. Homem-mulher - Relacionamento 3. Homens solteiros - Experiências de vida - Manuais, guias etc. I. Título

07- 6497   CDD-646.77

Índice para catálogo sistemático:

1. Homens e mulheres : Relacionamento : Vida
pessoal   646.77

Este livro é dedicado a Bill Macy, o melhor namorado e marido que uma mulher pode ter
Felicity Huffman

Este livro é dedicado à minha avó Henri Kushkin que, aos 96 anos de idade, conta histórias maravilhosas sobre seus namorados, especialmente Charlie Hoffman, seu primeiro namorado da escola
Patricia Wolff

SUMÁRIO

Agradecimentos — 9
Introdução — 11

Capítulo 1 – Todas as mulheres são loucas — 17
A realidade é relativa — 23

Capítulo 2 – Rapaz conhece garota — 27
Tudo começa aqui

Capítulo 3 – RapazConheceGarota.com — 37
Tudo começa aqui on-line

Capítulo 4 – O primeiro encontro — 49
Embarque nessa aventura

Capítulo 5 – Quando você se torna um namorado?
Quem decide isso? — 61
Uh!...

Capítulo 6 – Eu pareço gorda? — 65
Um conselho de amiga

Capítulo 7 – Sua ligação é muito importante para nós — 75
Ao telefone

Capítulo 8 – Dinheiro — 85
É por sua conta

Capítulo 9 – Na sua casa ou na minha? — 95
Quando vocês estão no terreno um do outro

Capítulo 10 – Interrompemos este programa... 105
Televisão

Capítulo 11 – É simplesmente tudo o que eu sempre quis 113
Guia básico para escolher o presente certo

Capítulo 12 – A roupa faz o homem 125
Shorts and the City

Capítulo 13 – Programa legal 138
Saindo com a sua garota

Capítulo 14 – Regras de trânsito 147
No carro

Capítulo 15 – Eu preciso de um tempo 159
Uma desculpa esfarrapada ou um tempo sozinho?

Capítulo 16 – O sexo 169
Algumas coisas sobre uma coisa

Capítulo 17 – Detesto o modo como você come 187
E outras desavenças cotidianas

Capítulo 18 – O amor machuca 197
Brigas

Capítulo 19 – Mas eu pensei que tudo estava indo tão bem 211
Ciúme, traição e rompimento

Conclusão 227

AGRADECIMENTOS

Queremos agradecer a todos os bons e maus namorados que nos fizeram felizes e infelizes, e também a todas as namoradas que, ao longo dos anos, permaneceram ao nosso lado trocando histórias de amor e de guerra, rindo, chorando, xingando e falando mal, alojadas nas cozinhas e nos banheiros espalhados por todo o planeta.

Agradecemos a Bob Miller, da Editora Hyperion, a Richard Abate, da agência ICM, e a Michael Ritchie; temos certeza de que vocês foram ótimos namorados antes de pendurar as chuteiras, e hoje são excelentes presidentes e agentes, além de chefes compreensivos.

A Brenda Copeland, namorada, editora e boa garota, fria como uma pedra. E a Michelle Ishay, por sua grande capacidade de pesquisa e seu bom gosto para tudo.

Às primeiras namoradas que conhecemos, nossas mães; somos gratas pela orientação e pela paciência.

Aos primeiros namorados que conhecemos, nossos pais; somos gratas por nos mostrar como um bom namorado deve ser.

A nossas irmãs e nossos irmãos, que nos guiaram, defenderam e ensinaram a ver a diferença entre o bem, o mal e o feio.

A Bill Macy, pela sugestão de não usar a palavra "chupada" no livro (usamos, mesmo assim).

À Atlantic Theater Company, por vinte anos de convívio com namorados e possíveis namorados.

E, finalmente, a Clark Gregg, uma verdadeira namorada honorária, se é que isso existe.

INTRODUÇÃO

Temos o prazer de apresentar a vocês, homens, esta primeira edição do *Guia Prático para um Namorado Perfeito*. Seja você um cara legal ou um canalha, solteiro ou comprometido, achará este guia indispensável para sua namorada ou futura namorada. Aqui, você encontrará uma coleção fundamental de idéias, informações e uma série de técnicas de sobrevivência que, com certeza, serão muito úteis.

Pense neste livro como o melhor manual para o amor, como um mapa para seu relacionamento e como seu GPS (Sistema de Posicionamento de Garotas). Ele irá conduzi-lo pelos caminhos certos e o ajudará a evitar atalhos enganosos para que você jamais tenha de trocar um pneu na Cidade das Almas Perdidas. Além de trazer receitas interessantes para os feriados (tudo bem, isso não é verdade), este livro dará dicas saborosas sobre:

- Como se desculpar sem realmente pedir desculpas
- Como parecer que você está escutando, quando, na verdade, está pensando em outras coisas (olhe sempre nos olhos dela, mas, se isso não der certo, diga a frase: "Você é tão bonita que eu até me distraí")
- Como saber quando o "não" dela quer dizer "sim", e quando o "sim" dela quer dizer "não"
- Como evitar longas conversas ao telefone
- Como sobreviver quando é ela quem dirige o carro
- Como comprar um presente de última hora
- Como seduzi-la a tirar a calcinha (literalmente)
- Como evitar falar sobre seus "sentimentos"
- Como fingir que você tem "sentimentos"

- Como fingir que você é um cara profundo
- Como falar obscenidades (guia para iniciantes)
- Como convencê-la de que soltar puns na cama é sinal do seu compromisso com ela
- Como fazer sexo sem intimidade (Ops!, esquecemos com quem estamos falando, não ligue)

Você pode pensar que é o primeiro homem a se dar mal ao tentar compreender as mulheres, mas não é. Os homens têm quebrado a cabeça para entender o belo sexo desde o começo dos tempos.

Pense no primeiro namorado, Adão. Você acha que a namorada dele não o deixava confuso, doido? Pode apostar que sim. Ele bem que poderia ter usado este livro. Você pode até não acreditar que ele precisava deste guia, afinal de contas, ele estava sozinho no paraíso, tinha alguns petiscos à mão, e Eva já estava nua. Mas nós insistimos em discordar.

Eles não tinham problemas financeiros, não tinham de jantar com os pais dela, e ele não tinha a mania de jogar pôquer pela internet. Não, suas questões diziam respeito mais a uma pequena fruta vermelha. Deus disse: "Não coma desse fruto!". Eva disse: "Se me ama, experimente!". O pobre sujeito tinha Deus de um lado e Eva do outro; ele estava entre a cruz e a espada. Adão até tentou argumentar com sua garota, advertindo-a dos perigos de desobedecer à lei de Deus, mas ela não o escutava. Do ponto de vista dela, não se tratava da maçã ou de Deus (ela não estava com fome e nunca tinha encontrado o Grande Cara no céu); ela só queria saber se seu namorado a levava a sério e se compreendia seus sentimentos. Soa familiar? Na mente de Eva, Adão estava tentando controlá-la... mais uma vez. Para ela, o poder lhe havia subido à cabeça. Quem disse que ele estava no comando? E lá estava ele, dizendo-lhe o que comer, o que não comer e, a propósito, essa coisa de "não coma a maçã" era uma maneira que ele encontrou de dizer que ela estava gorda? Que ótimo.

Talvez Adão fosse apenas um cara normal, procurando andar na linha como mandava O Homem, e tentando fazer sua namorada feliz. Não poderia ser fácil. Nós, namoradas, podemos dar muito trabalho. Nós exigimos intimidade. Nós fazemos muitas perguntas: "Em que você está pensando?", "Você me ama?", "Por que nunca conversamos?". E as alternâncias, então? São de doer. Num minuto, nós nos mostramos felizes e nuas (pense em Eva) e, no minuto seguinte, estamos vestidas para matar, prontas para pisotear seu coração (pense em Eva Braun).

Ou, talvez, tudo o que aconteceu naquele dia tenha sido apenas fruto de um mal-entendido profundo:

"Eu pensei que você tinha dito para eu dar uma mordida!"

"Não, eu disse para a gente evitar uma briga!"

Logo em seguida, eles estavam expulsos do paraíso e se defrontavam com a necessidade de encontrar um novo lugar para morar (considerando os níveis de estresse, mudar-se é o segundo fator, depois da morte, que pode afetar os casais).

Os estudiosos da *Bíblia* têm oferecido várias interpretações da história de Adão e Eva, mas nunca saberemos o que realmente aconteceu. Ainda assim, temos certeza de uma coisa: homens e mulheres jamais verão, ouvirão ou sentirão as coisas da mesma maneira. Isso era tão verdade no Jardim do Éden como ainda é hoje no jardim de casa, ou em qualquer outro lugar no jardim de Deus.

Então, o que um homem deve fazer? Infelizmente, não há nenhuma resposta perfeita, nenhuma fórmula pronta. Não podemos ensinar o que você deve esperar da sua namorada, porque ela nunca será a mesma de um dia para outro, nem mesmo de um momento para outro. Estar ao lado de uma mulher é como viver em uma máquina do tempo, na qual você, de uma hora para outra, é arremessado a um humor feminino diferente, sem qualquer aviso prévio. Não podemos mudar essa condição, mas podemos ajudar a desmistificar alguns comportamentos da sua namorada, de maneira que, quando a mulher que você ama, mais uma vez, transportá-lo para uma galáxia muito, muito distante, você terá os conhecimentos de que precisa para se orientar com a rapidez e a habilidade necessárias para dominar a situação. Nosso trabalho é fazer com que você esteja preparado.

* * *

Talvez agora você não esteja interessado em ser um namorado. Tudo bem. Porém, pode chegar o dia em que você deseje ser o senhor Bacana, e não o senhor Sacana. Quando chegar essa hora, você precisará deste livro no seu bolso, junto da sua carteira e daquele preservativo moldado-para-o-prazer. Leia-o do princípio ao fim ou vá para o capítulo de que mais precisa. Torne-se um especialista em poucas horas. Ou, pelo menos, aparente ser um.

CAPÍTULO 1

TODAS AS MULHERES SÃO LOUCAS

Tudo bem, tudo bem, já ouvimos isso antes, os dois clichês que classificam os gêneros: Todas as mulheres são loucas. Todos os homens são canalhas.

Sabemos que vocês não são canalhas (bem, alguns homens são, mas não você que está lendo este livro) e, acredite se quiser, nem todas as mulheres são loucas. Então, por que as mulheres fazem tantas coisas que parecem desconcertar os homens? Porque a REALIDADE É RELATIVA. Ainda confuso? Não se preocupe, você está apenas começando.

Em primeiro lugar, vamos falar um pouco de biologia. Ratos e seres humanos compartilham 95% do DNA, de modo que, ao mesmo tempo em que somos substancialmente semelhantes, aqueles 5% são responsáveis por algumas diferenças fundamentais: pele, rabo e uma tendência para comer a própria cria, isso só para começar. Em relação às diferenças entre os sexos, as mulheres têm mais conexões neuronais entre o lado direito e o lado esquerdo do cérebro que os homens; quatro vezes mais, na verdade.

Tudo bem, não importa... não estamos aqui para nos vangloriar. A diferença biológica mais perceptível entre homens e mulheres está naquelas coisas minúsculas chamadas cromossomos X e Y, que, quando desenvolvidos, revelam coisas não tão minúsculas assim. Estudos e mais estudos mostram diferenças substanciais na percepção, nas atitudes e prioridades, nas formas de comunicação, na escrita, no corte de cabelo e na escolha dos móveis. A maioria das mulheres se preocupa com relacionamentos, pessoas, dietas, roupas e aparência física. A maioria dos homens se preocupa com sexo, esportes, trabalho, dinheiro, carros, notícias, política e mecânica das coisas. Com certeza, estamos generalizando aqui, mas você entende o que queremos dizer. Basicamente, diferimos em tudo, tanto quanto ratos diferem de seres humanos.

Matemática feminina

Então, vemos as coisas de maneira diferente, mas isso não é tudo; também sentimos de maneira diferente. As mulheres estão em contato com uma variedade muito mais ampla de sentimentos do que os homens, e esses sentimentos são muito mais intensos. A lista de verificações emocionais de um homem é extraordinariamente básica:

- Estou com fome?
- Estou com sono?
- Estou com tesão?

Se ele estiver satisfeito nessas três áreas, não precisará de mais nada. A lista de verificações emocionais de uma mulher é mais parecida com um romance russo. É longa, complicada e confusa, sem falar que você gasta muito tempo procurando conhecer bem todos os personagens da trama.

Por vermos e sentirmos as coisas de maneira diferente, logo também somos diferentes no modo de tomar decisões. Vocês, homens, preferem um processo de tomada de decisões repetitivo e definido, e sempre será dessa forma. Por exemplo:

A. É hora do jantar.
B. Quero comer carne e, como o restaurante tem televisão, poderei assistir ao jogo.
C. Vamos à churrascaria do Bruno.

A equação pode ser escrita do seguinte modo: A + B = C.

Faz sentido, não é? Já para a sua namorada, o processo é mais ou menos assim:

A. É hora do jantar.
B. Pergunto se não saímos demais – ou talvez devêssemos sair mais – aliás, será que paguei a fatura do meu cartão de crédito? A churrascaria do Bruno tem uma decoração que me faz lembrar de uma festa a que fui anos atrás – e que foi horrível –, onde todo mundo riu do meu cabelo. A propósito, será que preciso lavar o cabelo se formos sair? Por que os homens sempre querem comer tão tarde? Churrasco é muito bom, mas depois vou me sentir empanturrada de tanta comida e o sexo não será tão legal. Tudo isso é demais para mim!
C. Não, não posso sair para jantar, estou cansada; por que você não consegue entender isso?

A equação dela é assim: A + B x L(!!) ¸ K Ö S ³ T ** + S(R) = C
Chamamos a isso de matemática feminina.

Sua namorada acreditará que o raciocínio dela é linear e cuidadoso, que a decisão dela é lógica e justificável. Você assistirá a todo esse processo boquiaberto, em perplexo silêncio e pensará: "Ela é louca".

Vocês, homens, fazem um grande esforço para tentar descobrir os mistérios das mulheres. Vocês dão o melhor de si. Sabemos disso. O problema não está na falta de esforço nem na falta de prática. Isso não funciona com as mulheres. A familiaridade não resulta em compreensão.

Conhecemos um homem que tem sete irmãs, e pais que têm muitas filhas. Além disso, existem os polígamos ou as celebridades que, a cada semana, aparecem na mídia com uma mulher diferente. Seria de presumir que todos eles são especialistas em assuntos femininos. Errado. O pai com suas filhas, o irmão com suas irmãs, o cara com suas seis esposas, todos eles estão igualmente no escuro quando se trata do enigma das mulheres. A propósito, não conhecemos nenhum desses artistas, mas, de acordo com as revistas de fofoca, são todos tão ignorantes no assunto quanto qualquer um que tenha um pênis.

Manter a loucura na garrafa

Sabemos que você acha que nós, mulheres, somos loucas. Não concordamos (nos conhecemos muito bem), mas não queremos que você fique assustado; por isso, preferimos "manter a loucura na garrafa" por, pelo menos, quatro ou cinco meses, até conseguirmos segurá-lo. Depois, deixamos cair aos poucos algumas gotas de nossa verdadeira essência, a verdadeira maneira de pensarmos e sentirmos. É impossível deixá-la presa na garrafa para sempre.

Loucura feminina

Numa cena do filme *Homens Brancos Não Sabem "Enterrar"* (Ron Shelton, EUA, 1992), a atriz Rosie Perez está na cama com o namorado, o ator Woody Harrelson, quando ela se vira para ele e diz mais ou menos assim: "Querido, preciso de um copo de água". Ele pula da cama e lhe traz a água. "NÃO!", grita ela. "Eu não quero água. Eu quero que você compreenda que tenho sede e fique ao meu lado *sentindo* que eu quero água! Eu não precisava da água, seu idiota! Eu precisava que você me ouvisse e compreendesse meus sentimentos."

Quando estamos aborrecidas, os homens procuram compreensivelmente mudar o nosso humor, propondo soluções para os nossos problemas. Interpretamos essa atitude masculina como um modo de subestimar nossos sentimentos, o que resulta no seguinte: "Por que você está propondo soluções quando tudo o que realmente quero é sua empatia, e não que você me olhe como se eu fosse uma louca?".

Alguma das situações a seguir lhe parece familiar?

• Inesperadamente, ela explode em lágrimas. Quando ela está feliz. Quando ela está triste. Porque você a ama. Porque você não a ama o bastante. Porque você não ligou para ela. Porque hoje é terça-feira.

• De repente, ela fica irritada com você. Quando ela está feliz. Quando ela está triste. Porque você a ama. Porque você não a ama o bastante. Porque você não ligou para ela. Porque hoje é terça-feira.

• Ela espera que você adivinhe o que ela está pensando, e, se você não faz isso, ela chora (porque está triste), e se você faz, ela chora (porque está feliz).

• Ela diz que você não passa muito tempo com ela e, depois, quando você está disponível, ela está ocupada.

• Ela nunca tampa as coisas direito e, então, ela perde a cabeça quando tudo derrama e, depois, fica muito zangada (como se o universo estivesse contra ela) e, finalmente, chora.

• Ela coloca o arroz no fogo, dá um telefonema e, depois, fica chocada porque o arroz queima. E ela fica louca com você quando você mostra o óbvio para ela.

• Ela diz que você não lhe compra muitos presentes, e, depois, devolve aqueles que você comprou para ela.

• Ela diz: "Nós nunca conversamos", e, no instante em que vocês entram no carro, ela começa a falar ao celular.

Tudo isso parece loucura, não é? Não para ela. A palavra "louca" sugere que não existe razão para o que as mulheres fazem ou sentem. Entretanto, existe sim uma razão para isso. Simplesmente, ela é diferente da sua. É como ter um animal de estimação. Você olha para a sua gata e pensa: "Ela não vai latir, não vai buscar o meu chinelo e vai continuar a soltar muito pêlo". Teste de realidade: trata-se de uma gata. Você não pode esperar que ela faça as coisas que um cachorro faz. Mas, se você achar que ela fará, ela irá parecer louca. Da mesma maneira, se você aplicar a "lógica masculina" ao "comportamento feminino", concluirá que ela é "louca" (definição: mentalmente perturbada, demente, irracional, completamente doida). Vamos repetir: as mulheres não são loucas, a realidade é que é relativa.

A realidade é relativa
O que você vê/O que ela vê

A festa
VOCÊ VÊ: Ótimos momentos de pura diversão. Um cigarrinho para relaxar. Duas garotas lindas dançando à beira da piscina.
ELA VÊ: Um evento horrível, cheio de bêbados e viciados com quem você estudou no colégio. Duas garotas com cabelos ridículos.

O apartamento
VOCÊ VÊ: Seu apartamento, aquele que você passa a vida limpando. Sua linda poltrona de couro preto.
ELA VÊ: Um apartamento empoeirado com cereais acumulados caídos no armário. A mais horrorosa poltrona de couro preto já vista (essa é a primeira coisa que ela vai ter de jogar fora).

A loja de ferramentas
VOCÊ VÊ: Essa é sua praia. Prateleiras e mais prateleiras cheias de maravilhosos bagulhos de que você precisa. Já consegue se enxergar em uma camiseta justa, uma chave inglesa nas mãos, consertando o sifão da pia da cozinha, enquanto sua namorada o observa carinhosamente para, em seguida, rolar uma boa transa ali mesmo no chão.
ELA VÊ: A única loja em que ela não quer comprar nada. Prateleiras e mais prateleiras cheias de bagulhos chatos, idênticos e incompreensíveis. Uma tarde perdida esperando, enquanto você quebra a pia da cozinha dela.

O carro ao seu lado
VOCÊ VÊ: Um cara muito legal dirigindo um Chevy 1957 com o que parece ser um motor 308 de quatro cilindros, e uma gostosa ao lado.

ELA VÊ: Um cara de 50 anos de idade, meio careca, e uma garota com metade da idade dele.

Em resumo

Temos consciência da confusão e do medo que infligimos ao seu coração, e não gostamos disso. Por isso, apreciamos ainda mais todo o seu esforço para nos compreender. Homens e mulheres são muito diferentes, mental, física e sociologicamente; em nossos gostos e em nossos desgostos. Isso não seria um problema se todos nós vivêssemos em territórios separados. Poderíamos nos visitar de vez em quando, conversar, fazer sexo e até passar uma semana inteira juntos, e depois retornar para a Cidade das Garotas e vocês, para a Vila dos Caras. Nossas diferenças seriam apenas charmosas esquisitices em vez de graves irritações. Mas, sentiríamos a falta de vocês e, provavelmente, entraríamos escondidas em seu território, seguindo vocês por todo lado, perguntando como se sentem. Porém, as coisas não são assim.

Saber que a realidade é relativa não mudará a guerra do "todas as mulheres são loucas" para "entendi; somos simplesmente iguais, mas diferentes!". Não, você continuará a achar que sua namorada é louca, e também sua mãe, sua irmã e sua prima em segundo grau (aquela com quem você transou quando tinha 12 anos). Mas, pelo menos, agora você sabe por quê. Pare de procurar por uma namorada "normal". Ela não existe.

Tradução das dez frases mais comuns
(Tudo bem, na verdade são doze)

**LISTA PRÁTICA DE ARMADILHAS PARA O NAMORADO
(OU, QUE DIABOS ELA QUER DIZER COM ISSO?)**

SE ELA DIZ:	ELA QUER DIZER:
"Você trabalha demais!"	"Você não fica comigo".
"Não quero presente de aniversário".	"Quero que você me faça uma surpresa!"
"Em que você está pensando?"	"Você ainda me ama?"
"Você acha a Carol bonita?"	"Mas eu sou mais bonita que ela, não é?"
"Como está a omelete?"	"Você não acha que eu sou a melhor garota que já lhe preparou alguma coisa em toda a sua vida?"
"Não, querido, tudo bem".	"Você realmente me deixou triste/irritada/aborrecida e vamos ter de conversar muito sobre isso".
"Bem, acho que é melhor eu ir embora".	"Peça para eu ficar".
"O que seus amigos pensam sobre nós?"	"Você está se apaixonando por mim?"
"Você quer conversar sobre isso?"	"Eu quero conversar sobre isso".
"Você está muito cansado para passar a noite aqui?"	"Quero que fique aqui esta noite".
"Dane-se, não agüento mais você".	"Dane-se, não agüento mais você".

CAPÍTULO 2
RAPAZ CONHECE GAROTA

Primeira pergunta: Você quer ser um namorado ou um conquistador? Essa é uma escolha difícil. Como conquistador, você mantém a relação leve e evita que uma mulher comece a ter expectativas em relação a você. Assim, você pode evitar aniversários, discussões sobre a relação e o jantar com os pais dela. Como conquistador, você pode mudar de uma garota para outra sem se comprometer com nada nem com ninguém. Você pode entrar e sair do relacionamento sem ter cobranças, o que, evidentemente, tem suas vantagens e é muito divertido. É difícil deixar de ser um conquistador. Nós entendemos.

Você ficaria surpreso em saber como somos parecidos nesse aspecto. As mulheres adoram seu tempo de solteira tanto quanto você, mas com uma grande diferença. Não relutamos tanto em abandonar essa vida, não precisamos ser arrastadas para casar sob a mira de uma espingarda. Você, entretanto, é mais parecido com o jogador de basquete norte-americano Michael Jordan: difícil de aceitar a aposentadoria. Não queremos acabar com sua vida de caçador – ela é ótima –, mas, cedo ou tarde, até mesmo o mais incrível conquistador percebe que, se investir todo o tempo e a energia em ganhar dinheiro ou praticar esportes, ele será indecorosamente rico ou um atleta olímpico.

Já como namorado, a vantagem é que você evita o risco de chegar aos 50 anos de idade com um bronzeado falso e um implante de cabelo, tentando convencer uma menina de 20 anos a mostrar as tatuagens dela para você. Você vai envelhecendo, os encontros vão envelhecendo. Você fica cansado; a caçada se torna cansativa; por fim, seduzir até mesmo a garota mais gostosa que você já viu pode resultar numa verdadeira fadiga. Além disso, aqui está o grande segredo de ser um namorado: é divertido e oferece um tipo inteiramente novo de atrativo. No começo, nenhum de vocês dois sabe se aquele encontro irá durar mais que uma noite, e isso pode ser emocionante. Mais tarde, vocês formam um casal e você descobre que aquela garota transforma-se em alguém completamente novo quando ela se torna sua namorada. Ela estava guardando o melhor de si para o momento certo, e você nem sequer percebeu.

Chega sem avisar

Pode acontecer quando você menos espera. Enquanto você se sente totalmente livre, dormindo com uma e ficando com outra, de repente, do nada, tudo muda. É aquele momento em que você percebe que ela invadiu todas as suas defesas e alcançou o seu íntimo intocável. Você foi capturado. Ela olha para você com aquele ar esperançoso de "Você é o meu novo namorado" e diz: "O que vamos fazer no próximo fim de semana?" ou "Mal posso esperar para passarmos os feriados juntos", e, antes mesmo de se dar conta, você passa a ser membro de carteirinha da AHF (Associação dos Homens Fisgados).

Nosso amigo David era um conquistador extraordinário. Mulheres choviam na sua horta até certa noite, em que ele fez sua investida costumeira em uma garota meiga chamada Michelle. Ele lançou sua conversa sedutora e conseguiu o número de telefone dela. Estava no papo. Como sempre, ele continuou a conquistar duas, três e quatro; no final da noite, seus bolsos estavam repletos de pequenos pedaços de papel dobrados. Michelle, que observava tudo, não se amedrontou com a insensatez do rapaz e se dirigiu a David para pedir seu número de volta. Ela disse muito suavemente: "Me avise quando estiver pronto para parar de ciscar por aí". Assim foi. Ele estava fisgado. Naquele instante, apesar das suas piores intenções e dos seus melhores planos, David se apaixonou um pouco por ela. Ele viu seus mais profundos sentimentos serem despertados da maneira certa no momento certo. Vítima da alquimia, esse intrépido galinha estava a caminho de se transformar em um dedicado namorado. Quem sabe dizer por que Michelle fisgou David? Ou melhor, quem sabe dizer por que David não fugiu?

Por um lado, existe uma chance de escapar no momento em que ela fisga você. Por outro, não há chance alguma. Esse é o perfeito paradoxo do namorado. Um colega toma a decisão de não assumir nada sério, e, então, encontra certa garota e, mais rápido do que você pode falar "armas de destruição em massa", ele se transforma em um namorado. É uma mistura perfeita de química e destino.

Onde você pode encontrá-la?

Ou, melhor dizendo, onde ela pode encontrar você? Em qualquer lugar: no trabalho, em um café, no supermercado, na lavanderia, na igreja/templo/mesquita, no parque, na academia... Quem sabe sua irmã não tenha uma amiga bem bonita? Talvez seus amigos lhe apresentem alguém interessante. Talvez o advogado que fez seu divórcio possa reconectá-lo ao mundo. As possibilidades são imensas, e isso é muito bom.

O que não é tão bom assim é que a maioria das mulheres prefere que os homens tomem a iniciativa. Como disse Horácio ao seu companheiro Hamlet, na peça de Shakespeare: "Não era necessário que viesse do outro mundo um fantasma nos dizer isso". (Aliás, Hamlet pode ter sido um herói clássico, mas ele era também um clássico namorado de merda. Primeiro, ele deu esperanças à Ofélia para, depois, renegá-la. Isso, como qualquer namorada poderá lhe dizer, é um jeito muito torto de construir um relacionamento. Ele deixou a pobre tão louca que ela se afogou em um lago.) Mas, vamos voltar a você. Tomar a iniciativa é uma coisa difícil, e nós não o invejamos. É uma questão cultural tão arraigada que nem mesmo o movimento feminista foi capaz de nos inspirar a repensar essa idéia. Somos obrigadas a admitir que isso é selvagemente injusto com vocês, homens, mas, assim como nós aprendemos a viver com o incômodo dos saltos altos, das cólicas e da calcinha fio-dental, vocês terão de fazer a maior parte da caçada, durante a maior parte do tempo.

ESTEJA PREPARADO

Cada situação é diferente da outra, e por isso você deve estar preparado. Algumas garotas gostam de gestos grandiosos. Aqui você pode fazer sua jogada lançando pelo ar para marcar rapidamente. Outras mulheres são mais cautelosas. Isso pede um ataque firme e forte, em que você busca avançar com cuidado, procurando não perder a bola. Há, ainda, certas garotas que, bem, parecem mudar constantemente a trave do gol de lugar. Nesse caso, você precisa de toda vantagem que puder conseguir, porque essa coisa de menino e menina nunca acontece num campo de jogo estável. Nunca.

Você vai à caça

Muitos namorados em potencial podem se beneficiar de algumas técnicas. Como qualquer caçador, não se esqueça das regras de ouro da caçada: *pare, olhe e ouça*. Preste atenção à presa e não à sua arma bacana, nem ao seu lindo boné de caça cor-de-laranja. Se você estiver muito preocupado com seu desempenho, ocupado demais em parecer legal ou em exibir sua nova arma, você correrá o risco de não perceber quando ela lhe der o sinal verde. Por isso, preste atenção. Observe-a. Lembre-se de olhar para o rosto da garota, não para os seios dela. Nenhuma mulher gosta de começar uma conversa dizendo: "Ei, aqui em cima". (Então, por que ela está usando aquela blusa?, perguntará você. Bem, ela até pode querer que você note os peitos dela, mas você marcará muitos pontos se olhar primeiramente para o seu rosto.)

Aprenda a reconhecer os sinais e a ler a linguagem corporal feminina, mas tenha em mente que, às vezes, ela irá fingir desinteresse. Como pode distinguir um verdadeiro desinteresse do tipo "Deixe-me em paz" de um desinteresse do tipo "Não pense que vai ser fácil, mas vamos ver o que você faz"? A diferença pode ser sutil. Erros podem ser cometidos. Sentimentos podem ser feridos. Ainda assim, você tem de tentar. Ela notou você? Seus olhares se cruzaram nos corredores do supermercado ou na fila do caixa eletrônico? São esses pequenos momentos que devem ser observados. Eles são rápidos e, às vezes, muito sutis, mas não os subestime, pois nesse instante ela soltou as travas e olhou para fora, e esse é o sinal para você seguir em frente.

Além do olhar, revelamos aqui alguns sinais femininos que você, muitas vezes, não considera:

- Se ela passar a mão no cabelo e torcer as pontas, **você está agradando**.
- Se ela disser que você a faz lembrar do pai, **você está agradando**.
- Se ela parecer fascinada por você e lhe fizer perguntas, **você está agradando**.
- Se ela for ao toalete e voltar usando mais maquiagem, **você está agradando**.
- Se ela rir de todas as suas piadas, **você está agradando**.
- Se ela disser aos amigos para irem sem ela, **você está incrivelmente agradando**.

Você vem sempre aqui?

Muito bem, você leu os sinais que ela mandou e pensa que, talvez, apenas talvez, ela esteja receptiva a conhecê-lo um pouco melhor. Como fazer sua investida de maneira gentil e agradável? Em geral, as mulheres estão dispostas a conhecer futuros namorados em quase toda situação, mas também estamos programadas para rejeitar um profissional da sedução. Eis algumas frases que já ouvimos e que gostaríamos de nunca mais ouvir:
• Você trabalha no correio? Porque eu poderia jurar que você estava avaliando meu pacote.
• Vozes do além me disseram para me aproximar e falar com você.
• Não sabia que boneca andava.
• Você pode não ser a primeira, mas pode ser a próxima.
• Você se machucou? Porque você é um anjo que caiu do céu.
• Você me conquistou quando disse olá.
• Acho que perdi meu número de telefone, pode emprestar o seu?

Conhecer alguém já é bem difícil. Guarde sua criatividade para o quarto, não para a fila de espera. A não ser que você seja um Shakespeare, faça uma abordagem educada, simples e direta. Se você se sentir superconfiante, sempre poderá oferecer a ela seu e-mail ou telefone com um convite espontâneo para ela entrar em contato. Se isso parecer um pouco pretensioso (e cada circunstância é diferente da outra), experimente as seguintes abordagens gentis:
• No café, quando aquela menina linda à sua frente pede um "*cappuccino* grande com leite desnatado não vaporizado com chocolate diet e bem quente*", arrisque o seguinte comentário: *Puxa, admiro sua força de vontade.*
• Se ela for sua nova vizinha, deixe em sua porta um pacote de *croissants* com o seguinte bilhete: *Estes pães são ótimos no café-da-manhã ou, depois de uma semana, quando ficarem velhos, eles também podem ser usados como martelo. Se precisar de alguma coisa, é só pedir.*
• No parque, quando seu *labrador* cortejar a *poodle toy* dela, comente: *Acho que o amor é realmente cego.*
• No supermercado, enquanto espera na fila do caixa para poucos produtos: *Poderia guardar meu lugar? Esqueci o pacote de macarrão instantâneo, e essa é a única coisa que sei preparar.*

* Na academia, quando vocês dois estiverem correndo na esteira: *Sabe, dizem que tomar café também é considerado um exercício aeróbico na maioria dos países ocidentais.*

Finalmente, do outro lado de todas essas chatices que fazem parte de ser um namorado (sim, tudo isso pode ser definitivamente muito chato), estão todas aquelas outras coisas que os rapazes querem tanto quanto as moças; porém, você não pode ter estas sem aquelas. É como comprar lençóis. Você quer apenas um bom lençol de cima – com uma estampa bem masculina – mas tudo o que consegue encontrar são conjuntos de lençóis; assim, você é obrigado a levar, sem precisar, também o lençol de baixo e mais duas fronhas.

Está certo, esse exemplo é muito feminino.

Vamos pensar, então, em figurinhas de futebol: para completar seu álbum, você precisa apenas da figurinha do Pelé, mas você tem de comprar o pacote todo. Ou você precisa somente da chave de soquete de 13 milímetros, mas eles vendem apenas o jogo inteiro. Em outras palavras, para conseguir aquilo que realmente deseja você precisa adquirir o pacote completo, mesmo se ele incluir coisas que você jamais quis e que custam mais do que você imaginava. No final, será muito bom estar com uma pessoa que adora você, que se compromete com você e que irá gostar de fazer sexo com você, mesmo quando a paixão inicial houver esfriado (além disso, você encontrará utilidade para aquela fronha extra). Lembre-se de que as mulheres também têm de adquirir todo o pacote. Amamos vocês, apesar do fato de vocês deixarem pêlos na pia toda vez que se barbeiam e também porque vocês adoram assistir aos filmes tipo "besteirol", achando que olhar a bunda das garotas é um passatempo de verdade. As mulheres não estão dispostas a investir esse tipo de paciência, apoio e amor em um conquistador, pela simples razão de que um conquistador não está disposto a retribuir. A única maneira de obter todos esses dividendos é se tornando um namorado. Verdade.

CAPÍTULO 3

RAPAZCONHECEGAROTA.COM

Até agora, o século XXI nos trouxe, por exemplo, o carro "flex", a perfeição dos microprocessadores, o fim do longo jejum de quinze anos do São Paulo no campeonato brasileiro de futebol e a modernização do bombom Sonho de Valsa. Pode-se observar também uma explosão de sites de encontros amorosos virtuais. Antes território dos tímidos, dos desesperados e dos participantes do Programa de Proteção às Testemunhas, hoje os sites de encontros e namoro são tão comuns e populares como a padaria da esquina. Sem qualquer dúvida, os encontros virtuais tornaram-se os cupidos do século XXI, só que em vez de as casamenteiras exaltarem suas qualidades para uma garota, você mesmo tem de fazer esse trabalho.

Se você for apresentado a alguém ou se conhecer uma mulher em um bar, normalmente levará uns dois encontros para você conseguir a ficha dela. Entretanto, conhecendo uma pessoa por um site, por intermédio de alguns poucos e-mails você pode trocar informações e estabelecer uma relação muito mais rapidamente. Balada ou cinema? Católica ou evangélica? Rock ou pagode? Quais são suas esperanças e seus sonhos? Se ela for dependente de remédios tarja preta, contará para mim?

Os sites de encontros ou de relacionamento na internet são semelhantes a fabulosos catálogos de compras virtuais, oferecendo uma seleção infindável de mulheres de todos os tipos, cores e tamanhos, do pequeno ao extragrande. Por isso, é fácil compreender a popularidade dessas páginas. Você pode comprar por categoria, encontrar um estilo especial ou apenas checar as novas ofertas. Entretanto, sugerimos evitar a seção de ponta de estoque, a não ser que você esteja atravessando um período de seca ou tenha a esperança de aproveitar o especial "pague uma e leve duas".

> Nos encontros virtuais, ao ler o perfil dela você terá uma boa idéia de como é sua possível futura namorada. Exemplo: *capa da* Playboy *(dezembro de 1995) com doutorado em massagem terapêutica e uma expressiva riqueza recebida de herança procura homem comum que goste de baladas e não queira perder sua liberdade.* Muito cuidado! É possível que ela esteja mentindo, mas não se preocupe; logo você desenvolverá um bom faro para descobrir a verdade. Em geral, se ela parece muito boa para ser verdade, ela normalmente é.

Porém, a internet oferece mais do que encontros amorosos rápidos; ela pode colocá-lo em contato com um mundo de mulheres que você jamais suspeitou que existissem. Interessado em manutenção de rebocadores de navios? Técnicas de artesanato para tecer cestas? Dança interpretativa? Existe uma garota em algum lugar feita para você. Talvez esteja interessado em jantar com uma surfista de Bali, ou em fazer uma caminhada com uma linda refugiada que fala russo. Ou talvez você prefira se relacionar com uma bioquímica que seja adepta da prática do *swing* e goste de comida indiana. Tudo é possível.

A lista dos seus desejos

A beleza dos encontros amorosos pela internet é que você pode navegar bastante antes de aprofundar sua pesquisa. Os sites de encontros virtuais são dirigidos a diferentes públicos; por isso, é uma boa idéia postar seus dados em vários deles até você encontrar sua "turma". Existem centenas de serviços de encontros, de namoro e de casamento disponíveis para todos os tipos de pessoas e de interesse. Além disso, é importante perguntar a si mesmo o que exatamente você quer e para o que você está preparado. Está procurando algo para comprar ou só olhando as vitrines?

Muitos serviços virtuais oferecerão oportunidades para você se apresentar:

Sou um rapaz que procura _____:
a) um encontro casual
b) um relacionamento sério
c) uma rainha de beleza "bem-dotada"

Muitos dirão que procuram uma pessoa que seja aberta, carinhosa e divertida. O problema é que isso não distingue absolutamente ninguém. Seja específico e inclua todos os detalhes possíveis. Saber o que você procura é essencial, mas igualmente importante é saber como apresentar essa informação. Já lemos muitos perfis, cujo item "por que vale a pena me conhecer" é realmente muito longo e o item "quem eu procuro" é extremamente breve. Por exemplo:

Por que vale a pena me conhecer: *Sou honesto quando digo que realmente me destaco da multidão. Falo sete línguas fluentemente. Viajo pelo mundo todo, pilotando meu próprio jato. Sou apaixonado por diversão. Adoro esportes, ópera e torta de frango. Minhas atividades favoritas são esquiar e mergulhar com os amigos. Adoro minha mãe.*

Quem eu procuro: *Uma garota bonita.*

Desculpem, rapazes, mas tudo o que isso nos diz é que vocês são egocêntricos e realmente não sabem o que querem. Não é nada atraente e, além disso, é potencialmente perigoso. Assim, é preciso manter o equilíbrio nessas duas áreas.

As primeiras impressões

Você vai querer dizer que ganha mais dinheiro do que é verdade, que você é mais interessante, mais alto ou mais sensível do que realmente é (*Sou um jogador de futebol milionário e todos os dias reservo um tempo para cuidar dos meus sentimentos*). Não faça isso. Cuidado para não oferecer uma coisa e entregar outra completamente diferente. Ninguém gosta de comprar gato por lebre.

A propaganda enganosa acabará custando caro para você. Seja honesto, mas venda suas qualidades. Escreva do ponto de vista de um bom amigo que conhece você de verdade e que gosta de você de qualquer jeito. Mencione seus atributos, os bons e os maus: *"Sou um mentiroso crônico, mas muito divertido em qualquer festa"* ou *"Meu QI é mediano, evito comer pão, mas adoro animais e crianças"*. Diga a verdade; a verdade é fácil de lembrar. Além disso, quando marcar um encontro com uma garota, ela não ficará chocada ou desapontada ao conhecê-lo.

Assim como em um currículo, seu perfil no site causa a primeira impressão, e a primeira impressão é a que fica. Isso, mais o seu primeiro e-mail para ela, representam 30 segundos (ou um minuto, se você tiver sorte) da completa atenção de uma garota. Use esses recursos com habilidade. Cuidado ao usar letras maiúsculas: "POR QUE VOCÊ ESTÁ GRITANDO COM A GENTE?". E lembre-se: o corretor ortográfico é seu melhor amigo. Use-o. Uma coisa é cometer erros ortográficos ao escrever, outra coisa bem diferente é não corrigi-los. Prefira um estilo de apresentação simples, e esqueça o tipo barroco e o itálico, ou qualquer coisa maior que a fonte tamanho 12. O mesmo se aplica ao ponto de exclamação; desculpem, rapazes, vocês até podem pensar que estão apenas expressando o seu entusiasmo, mas quando vemos algo como !!!!!!!, tudo o que imaginamos é que, na verdade, estamos conversando com uma menina de 14 anos de idade.

Quando você enviar um e-mail para uma mulher que lhe interessou, seja específico. Diga-lhe o que exatamente o atraiu ao ler o perfil dela, em vez de apenas dizer um vago *"Você parece ser legal"*. Diga que você adorou seu senso de humor, ou que, como ela, você também gosta de filmes de Fellini ou de corridas de caminhão da Fórmula Truck. Se ela disser "Morei na França por dois anos", responda algo como *"Passei um mês em Paris quando era adolescente"* ou *"Adoro comida francesa"*. Mostre que você está prestando atenção ao que ela diz. Mostre que está interessado. Se você tiver um senso de humor afiado, use-o sempre.

O namoro virtual é como o ramo imobiliário. Você tem de aprender as manhas do negócio. Todo comprador que procura uma casa sabe que "aconchegante" quer dizer "apertado", que "vista parcial" significa "escura e deprimente" e que "grande potencial" na verdade significa "caindo aos pedaços". Acontece o mesmo com os encontros. Seja um comprador esperto. Aprenda a entender a linguagem do negócio:*

Amor animal.....................................	*Maluca que tem dezoito gatos*
Boa forma e sarada...........................	*Dez quilos acima do peso*
Espírito livre......................................	*Piranha, do tipo que usa perfume "vagabundo"*
Minha mãe ficaria horrorizada.............	*Levará um exemplar da revista Noivas ao primeiro encontro*
Zelosa e carinhosa............................	*Acima dos 40 anos, longa trança caída nas costas, faz bolo de fubá*
Loura destemida que adora Nintendo..	*Menor de idade ou uma velha maluca e encarquilhada*
Cuca fresca......................................	*Não trabalha desde que participou da campanha das Diretas Já*
Ser inteligente é sexy.....................	*Uma baranga*
Garotas só querem curtir...............	*Uma universitária gorducha*
Bye-bye..	*Usa palavras estrangeiras, mas não sabe a língua; uma pedante*
Princesa charmosa........................	*De manutenção cara*
O cavalheirismo ainda existe?..........	*Chorona com péssimo histórico*

* **Não vá pensando que se livrou, caro amigo; há um código que se aplica a você também, é só esperar.**

Acerte na fotografia

Pedro elaborou um ótimo perfil – corrigido e aprovado por uma boa amiga – mas sua foto era um desastre. Ele sobrepôs seu retrato a um fundo que mostrava o homem aterrissando na Lua, coloriu o próprio rosto de verde e ainda desenhou um balão saindo da boca que dizia: *Preciso de um traje espacial, estou sem oxigênio, tenho frio*. Engraçado? Inventivo? Sim, mas também é esquisito. Muito esquisito. Lembre-se: você é apenas um em uma longa lista. Por isso, não há razão para que sua namorada em potencial olhe para essa foto ridícula, quando ela pode ir para a página de um cara parecido com o ator Brad Pitt, vestido de jeans e camiseta bem justa.

Prefira a verdade na propaganda: use uma fotografia que pareça com você, não um retrato seu com dez anos e com quinze quilos a menos, mas uma que mostre como você é, de fato, hoje, em sua versão mais realista e, de preferência, uma foto de que você goste. Recomendamos que peça a uma amiga para escolher uma boa foto sua ou que, pelo menos, ela aprove sua escolha (pense nisso como uma pesquisa de *marketing*). Uma vez que uma namorada em potencial clicou em seu perfil, aí sim, você poderá ser criativo e divertido.

Nossa amiga Suzanne resolveu se corresponder com um cara de quem ela realmente tinha gostado e que lhe inspirava grande expectativa. Alguns e-mails depois, ela enviou uma segunda foto, tirada enquanto ela estava sentada na privada. Não era possível ver nada, mas foi uma escolha ousada. Ela fez algo de acordo com seu senso de humor. Ela quis correr o risco para se destacar das concorrentes, e deu certo! Ele adorou o gesto e hoje eles estão juntos. Ouse. Talvez não chegue a lugar nenhum, mas se ela não rir das suas piadas agora, então, será que valerá a pena futuramente? Não perca seu tempo. A fila precisa andar!

Sua foto na internet
O que você envia/O que ela vê

VOCÊ ENVIA: Uma fotografia em que você estava com sua ex-namorada, que foi recortada fora.
ELA VÊ: Uma fotografia em que você estava com a sua ex-namorada, que foi recortada fora. As mulheres odeiam isso.

VOCÊ ENVIA: Uma foto sua sem camisa, deitado na cama com a calça desabotoada.
ELA VÊ: Não, não e não! Sai para lá. Um cara que cultua o próprio corpo e que levará muito tempo até se decidir por um encontro.

VOCÊ ENVIA: Um ótimo retrato em que você aparece com seu cachorro.*

ELA VÊ: Um cara que gosta de cachorros, ela adora isso. Tão caseiro.

*Essa opção não se aplica a você com seu gato, com sua cobra ou com seu *hamster*.

VOCÊ ENVIA: Uma fotografia sua com sua BMW, seu potente caminhão, seu Mustang, ou seja lá o que for.

ELA VÊ: Um cara superficial, preocupado com seu status, que irá, sem dúvida alguma, passar os fins de semana lustrando sua obsessão. E seu carro.

VOCÊ ENVIA: Uma foto do seu pênis. Você tem o maior orgulho dele, ele é maravilhoso e deixará uma garota louca.

ELA VÊ: A fotografia mais repulsiva que ela já viu, enviada por um pervertido, um doente mental tão fora da realidade que pensa que isso é excitante.

VOCÊ ENVIA: Um ótimo retrato seu com dez anos e quinze quilos a menos, na esperança de que ela goste de sua evolução.

ELA VÊ: Um ótimo retrato seu com dez anos e quinze quilos a menos. Porém, quando ela encontrar com você para um café, sua evolução será a última coisa em que irá pensar.

VOCÊ ENVIA: Você muito bem vestido, com um *smoking*, no casamento do seu melhor amigo.

ELA VÊ: A foto de quatro padrinhos do noivo. Ela não sabe qual deles é você e se sente atraída por seu melhor amigo.

Combinação improvável

Uma vez que você tenha estabelecido um contato, a troca de e-mails começa com as melhores intenções. Em seguida, vêm as conversas por telefone e, depois delas, o primeiro encontro. Todas essas etapas são vitais, mas aqui vai um conselho: você pode ser eliminado em qualquer uma delas. Tome cuidado, pois sua imaginação irá preencher as lacunas que os e-mails e as ligações telefônicas deixarão.

Nosso amigo Ney conheceu pela internet uma garota da Inglaterra. Eles se corresponderam por um bom tempo e depois passaram um tempão conversando só por telefone. O sotaque o mantinha ligado e sua fantasia corria solta. Na sua imaginação, ele estava se envolvendo com a atriz inglesa Keira Knightley, que estrela os filmes da série *Piratas do Caribe*. Quando eles finalmente se encontraram, ele deparou com uma pálida e frágil garota, com dentes ruins e personalidade de uma sacola de compras. Por causa de toda aquela fantasia com Keira Knightley, ele havia feito reservas para jantar e depois planejava assistir a um filme. Cada minuto parecia uma hora, e cada hora, um dia inteiro. Ney se sentia como um refém. E realmente ele era: da sua imaginação.

Além disso, você tem de tomar cuidado com outro pequeno aspecto a que chamamos de "atenção versus intenção". Existem pessoas que freqüentam a internet em busca de atenção, muito embora não tenham a menor intenção de namorar. Incluem-se aí os casados, os que têm problemas emocionais, pessoas com 9 anos de idade ou talvez com 99. Se você de fato deseja encontrar uma pessoa, não desperdice semanas e mais semanas investindo em uma fantasia nem se permita ser iludido. Seja prudente. Corte logo no início. Corte sempre que precisar. Siga em frente.

Eu pensei que você fosse mais atraente

A mulher com quem você mantém contato pela internet pode, na realidade, ser muito diferente do que você imaginava. O fato de ela ter dito que corre e joga tênis não significa que ela não seja uma garota forte com um andar deselegante e sem um braço. Não é porque ela era religiosa na infância e freqüentava a igreja todos os domingos que ela não pode ser também a sacerdotisa de um culto satânico. Entendeu?

Boa sorte com tudo

Existem cinqüenta maneiras (pelo menos) de cair fora do relacionamento com a garota com quem você não está mais disposto a manter contato antes que ela se transforme em sua amante. Aqui vão algumas delas:

- Quando estiver *on-line*, diga: *Boa sorte com... sua tese, seus negócios, seu canil*, não importa. (Mensagem subentendida: espero que dê tudo certo em sua vida. Sei que não farei parte dela.)
- Se for após o primeiro encontro, você pode enviar um e-mail dizendo: *Obrigado por* _____*; alguém terá muita sorte de conhecer você.* (Mensagem subentendida: Não serei eu.)

A questão aqui é que assim que você decidir cortar a linha, faça-o logo e da maneira certa. Evite simplesmente se desconectar quando quiser pular fora, ou seja, "não responder" ou "estar fora de alcance". Seja homem e diga a ela que você seguirá em frente. Isso lhe trará boas energias. O gênio dos namoros virtuais está observando tudo e fica satisfeito quando você deixa seu último relacionamento de um modo limpo e responsável antes de conectar-se ao seu próximo encontro.

A prova dos nove

Sua mãe estava certa quando dizia para não mexer em formigueiro. Ela também estava certa quando dizia que o mar está cheio de peixes. Em nenhum outro lugar isso é tão evidente quanto no ciberespaço. Pequenos, grandes, gordos, magros, todos nadando em seu computador, esperando serem fisgados e levados ao cinema e, depois, quem sabe, passarem a noite com você. Nós não defendemos o namoro virtual em detrimento da maneira tradicional do tipo "Você vem sempre aqui?" de se aproximar das pessoas, mas a internet tem muitas vantagens: é eficiente e conveniente, além de oferecer muitas escolhas para você. É um ótimo suplemento vitamínico para a sua vida social, mas, diferentemente do ferro, não provoca constipação.

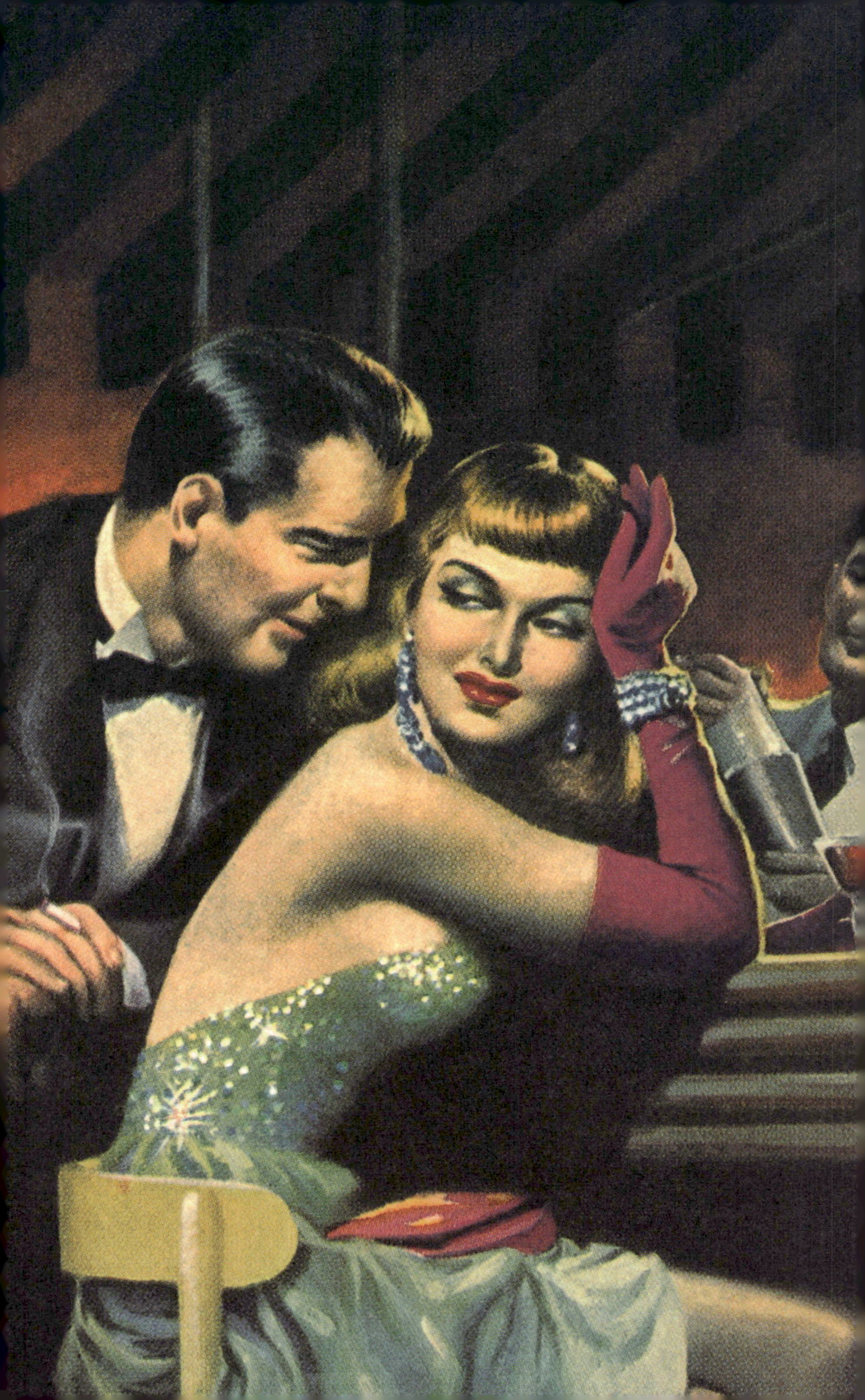

CAPÍTULO 4

O PRIMEIRO ENCONTRO

Você já escreveu uma carta para o Papai Noel quando era criança? Nós já, e eram mais longas que o nosso trabalho de conclusão de curso sobre o ciclo de vida das abelhas. O que desejávamos era importante e sonhávamos bastante: uma bicicleta nova, uma bateria completa, um pôster do cantor Fábio Júnior, uma jaqueta jeans, o novo disco do New Kids on The Block. E só para contrabalançar nossos desejos – de jeito nenhum aceitaríamos uma boneca Moranguinho – também incluíamos coisas que poderíamos querer, mas não tínhamos tanta certeza assim: um laboratório de química, uma fazenda de formigas, uma irmãzinha, que o papai parasse de beber. Levávamos nossas listas e nossas cartas muito a sério e, quando as enviávamos para o Pólo Norte, éramos tomadas por uma grande excitação e esperança. Algo novo estava para acontecer e, com um pouco de sorte, isso faria de nós pessoas ainda melhores, mais legais e mais felizes. Esse sentimento era o que nos despertava às 5 horas da manhã no dia de Natal.

Aguardar o primeiro encontro também pode ser assim. As possibilidades são inúmeras, tudo parece excitante, novo, cheio de expectativa e de pura diversão. Acima de tudo, o primeiro encontro é o primeiro, e os primeiros são importantes. É o momento em que temos a oportunidade não apenas de conhecer uma nova pessoa, mas também de ser uma nova versão de nós mesmos. Aquela garota bonita do trabalho que você convidou para sair provavelmente irá passar muito tempo imaginando o que ela vestirá, sobre o que falará e como se sentirá ao chegar ao local do encontro. Mais importante que isso, ela gastará horas para decidir quem deseja ser quando estiver com você: uma garota divertida, misteriosa, direta, reservada ou uma das personagens do desenho animado Meninas Superpoderosas.

As garotas possuem uma mente cheia de fantasias românticas, o que, na maioria das vezes, funciona a seu favor. Ao mesmo tempo em que sua pretendente busca fazer tudo aquilo que a deixa feliz, ela também procura listar todos os itens que quer em um homem. Já no primeiro encontro, ela já está ao seu lado, na esperança de que você seja o presente com que ela tanto sonha. Ela quer que você seja perfeito. Por isso, da próxima vez que se sentir muito nervoso antes de um encontro, lembre-se desse detalhe, mas não se prenda a isso. Se rolar aquela química com ela, ótimo. Porém, se não sentir nada, desencane. Com certeza, ela espera que você seja O Cara, mas, ao mesmo tempo, ela mantém suas expectativas sob controle, pois sabe que às vezes a gente ganha a Casa de Sonhos da Barbie, outras vezes, só um par de meias.

Primeiro o que vem primeiro

Então, o grande dia finalmente chega e lá está você tomando uma garrafa de vinho tinto acompanhada de uma porção de petiscos fritos. Talvez o encontro seja um sucesso instantâneo – uma verdadeira afinidade amorosa – e você goste tanto dela que talvez queira de cara queimar etapas e já partir para "os finalmentes". Entretanto, a noite pode ser um desastre completo desde o momento em que você chega e vê que ela levou a mãe junto. No entanto, o mais provável é que seu primeiro encontro fique entre esses dois extremos. As mulheres sabem que terão de beijar muitos sapos antes de encontrar um príncipe, e isso significa que você também está sujeito a encarar algumas decepções no primeiro encontro.

Se existisse um *Guia do Consumidor* que avaliasse as candidatas e trouxesse a opinião dos usuários anteriores, poderíamos ler o seguinte:

Ela é linda, faz um maravilhoso pudim de leite condensado que derrete na boca e seu beijo de boa noite deixa qualquer um louco. Nota 10. Ou: Não recomendamos esse modelo: voz esganiçada, parece odiar os homens e usa um jeans que deixa à mostra uma barriga que deveria estar coberta. Nota 0.

Graças a Deus, até onde sabemos, não existe uma publicação como essa, porque ninguém iria gostar de ler sua avaliação. Além disso, esse tipo de guia, com certeza, tiraria toda a expectativa, aquele frio na barriga do primeiro encontro. Pode ser difícil, mas esse é o método mais avançado que conhecemos para separar o joio do trigo.

Oito regras simples para o primeiro encontro (Na realidade, são nove)

1. Seja pontual. O melhor é chegar 15 minutos antes da hora marcada, apenas por segurança. Ela pode se atrasar; você não.

2. Planeje um encontro rápido e agradável. Nunca marque um jantar na primeira vez em que sair com alguém. Se ela não for seu tipo e *ainda* comer devagar, você estará em apuros. Pense que sempre é possível alongar uma ocasião, mas se você quiser abreviá-la terá de cortar alguma coisa.

3. Proponha um programa. Tome a iniciativa de sugerir um lugar de que você goste para tomar um café ou um drinque. A maioria das mulheres irá gostar se você decidir o que fazer; assim, elas não terão de pensar nisso.

4. Pense em algo simples e divertido. "Sempre saio para passear com meu cachorro aos domingos. Quer vir?" Que tal uma caminhada pelo bairro oriental para experimentar aqueles bolinhos chineses, que você não se cansa de comer? Vocês podem adivinhar se o recheio é mesmo de frango. Pense no primeiro encontro como uma pesquisa, uma oportunidade de reunir informações para ver se haverá um segundo encontro.

5. Convide-a para a sua vida. Mostre à sua pretendente o seu *habitat* natural e ofereça-lhe uma rápida visão da sua vida real, do tipo "eu não estou em um encontro". Mostre-lhe a sua vizinhança, seu bar favorito ou o lugar em que faz suas caminhadas. Não a leve para o bar onde você costumava ir com sua antiga namorada, a não ser que você tenha certeza absoluta de que ela não estará lá. As mulheres irão gostar de ser convidadas para conhecer sua vida, mas não seu último relacionamento.

6. Não desnude sua alma. Não coloque todos os seus sentimentos à mostra e, principalmente, evite escancarar traumas, carências e decepções guardadas em seu íntimo. Definitivamente, esse não é o momento.

7. Demonstre interesse pela vida dela. Não estamos nos referindo aos sonhos e às aspirações da garota; falamos de algo mais na linha "Qual é o pior filme a que você já assistiu?" ou "Qual é sua comida proibida favorita?".

8. Seja educado com os atendentes. O modo como você se comporta em diferentes lugares com diferentes pessoas diz muito a seu respeito. Nada irá terminar esse encontro mais rápido do que ser grosseiro com o jovem atendente que prepara o café.

9. Não avance o sinal rápido demais. Vocês acabaram de se conhecer. É ótimo se sentir bem ao lado de outra pessoa e ser você mesmo, mas tome cuidado para não se empolgar e deixar a imagem de que você é um verdadeiro grosseirão, com atitudes que a incomodem, como aqueles "amassos" que não são apropriados para a ocasião.

ESTEJA PREPARADO

A pessoa com quem você marcou a investida pode não ser tudo aquilo que idealizou. Você pode começar um encontro com uma deusa loura e bronzeada e terminá-lo com uma loura oxigenada fofoqueira e com mau hálito. O oposto também é verdadeiro.

As mulheres preferem os cavalheiros

O cavalheirismo pode não estar morto, mas com certeza está na unidade de tratamento intensivo. Por isso, ser um cavalheiro nos tempos de hoje pode realmente lhe render alguns pontos. Não se trata de ter modos antigos; trata-se de mostrar à sua acompanhante que ela é importante para você. Abra a porta para ela. Levante-se quando ela retornar para a mesa. Acompanhe-a até o carro dela e espere-a se afastar. Ofereça-lhe a sua jaqueta se ela estiver com frio. Ser um cavalheiro transmite uma atitude de respeito pela mulher que está ao seu lado e pelo homem que você é.

Nossa amiga Suzanne marcou um encontro com um cara que chegou 40 minutos atrasado. Ele apareceu suado, mascando chiclete e com a desculpa esfarrapada de que foi difícil encontrar um lugar para estacionar. O encontro não deu em nada; sem surpresas. Por isso, Suzanne mal pôde acreditar quando o rapaz teve a cara de pau de convidá-la para um segundo encontro e, então, decidiu ser direta com ele. *Você sabia que eu estava lá e, mesmo assim, preferiu me deixar esperando em vez de pagar 10 reais pelo serviço de manobrista.*

GPS – *Sistema de Posicionamento de Garotas*

O primeiro encontro se parece com uma entrevista de emprego e, em certa medida, é mesmo. Para muitas garotas, a possibilidade de não conseguir o trabalho é sentida de modo muito pessoal (embora nós também estejamos entrevistando você). Se não der certo, encaramos como rejeição em vez de apenas pensar que eram duas pessoas que simplesmente não tiveram nenhuma afinidade para iniciar um namoro. Talvez seja porque a tradição nos ensine que é tarefa do homem cortejar a mulher, ou seja, desejamos sempre receber uma oferta, mesmo quando não queremos o emprego.

No outro extremo, um homem de 52 anos, que parecia um dublê do personagem Shrek, convidou nossa amiga Keila para sair. Mas ela não tinha certeza se queria sair com ele e ligou para sua irmã que gerencia uma academia de yoga. Sua irmã aconselhou-a a "dizer sim a qualquer coisa que o Universo lhe oferecesse" (o que você queria, ela é uma yogue); então, Keila disse sim. Para sua surpresa, o encontro foi um dos melhores que ela já havia tido. Shrek levou-a a uma cafeteria francesa maravilhosa, foi charmoso, engraçado e cavalheiro. Ele foi buscá-la em seu apartamento (com o consentimento dela), abriu as portas, assegurou-se de que ela tinha gostado do *capuccino*, insistiu em oferecer-lhe uma sobremesa (assim sabemos que vocês não pensam que estamos gordas), fez piadas incríveis sobre si mesmo e o resultado é que houve um segundo encontro e depois um terceiro e assim por diante. Três semanas depois, ela descobriu que ele era bem-dotado e ótimo na cama.

O primeiro encontro
O que ele vê/O que ela vê

"Encontro você lá..."
ELE VÊ: Uma maneira descomplicada de chegar ao restaurante, um modo para ambas as partes manterem suas opções em aberto.

ELA VÊ: Um solitário desorientado que nem sequer irá buscá-la. É certo que muitas mulheres preferem ir sozinhas ao restaurante para poder sair mais cedo se for o caso, mas o que importa aqui é a gentileza do oferecimento.

"Cada um paga a sua parte."
ELE VÊ: Uma forma de provar que ele apóia os direitos das mulheres.

ELA VÊ: Um pão-duro que não paga sequer um coquetel e obviamente não quer vê-la novamente.

"Minha ex era uma piranha."
ELE VÊ: Uma prova de que ele é honesto e aberto, e que já superou sua última namorada. Ele não sente nenhuma falta dela e está pronto para um novo relacionamento.

ELA VÊ: Um sujeito que fala mal da ex-namorada e culpa as outras pessoas por tudo o que acontece. Ela deduz que será a próxima.

"Uau, não pensei que você fosse tão bonita."
ELE VÊ: Uma maneira de dizer a ela logo de início que ele pensa que ela é inteligente e sensual, e que está realmente empolgado por sair com ela.

ELA VÊ: Um panaca que fala antes de pensar. Por que eu não seria bonita? Por acaso eu pareci gorda ao telefone?

"Puxa, você é realmente engraçada!"
ELE VÊ: Um claro elogio.

ELA VÊ: Um cara arrogante que a subestima e que elegeu a si mesmo o juiz do humor. Quem ele pensa que é?

Mentiras verdadeiras

Desde o dia em que você descobriu que havia mais coisas na vida do que *videogame*, você caiu no conto da carochinha das mulheres. As figuras femininas da sua vida – sua mãe, irmãs e amigas – o incentivaram a expressar seus sentimentos. "Se você gosta de uma garota", aconselharam elas, "convide-a para sair". Depois, no colégio, você aprendeu a verdade. Você seguiu o conselho, convidou Nicole para sair e ela arrasou seu coração; depois você se encarregou de levá-la para um motel de beira de estrada. Enquanto isso, o João cabeça-de-vento – que nunca foi gentil com ninguém em lugar nenhum – conseguia pegar muito mais meninas. O que significa isso?

Está bem, está bem: sabemos que nos contradizemos. Nós ensinamos: "Diga a ela logo no início que você quer vê-la novamente", e depois dizemos: "Contenha-se". Temos de lhe dizer: As duas coisas são verdade. Desculpe, somos apenas as mensageiras. Ninguém disse que ser homem seria fácil.

Muito calmo, muito ansioso ou no ponto?

Muitos homens pensam que mulheres, crianças e pequenos animais têm muito em comum: se quiser que eles venham até você, não vá atrás deles. Vamos supor que você marque um primeiro encontro e que realmente goste dessa garota. Exatamente porque gosta tanto dela, você não vai querer estragar as coisas sendo muito ansioso. Então, você vai para o extremo oposto e fica calmo demais. Você não liga para ela durante uma semana inteira. Ou a convida para um programa assim: "Eu e um grupo de amigos vamos sair para tomar umas cervejas, você pode ir, se quiser". Esse tipo de atitude é um convite para a sua namorada em potencial cair na insegurança: "Oh, meu Deus, ele não gosta de mim. Oh, meu Deus, ele pensa que eu não sou muito inteligente. Oh, meu Deus, ele não me ligou". Ela se sente assim na intimidade de sua casa e com suas amigas. Você se esquece que o famoso "fique calmo" pode ter funcionado no ensino fundamental, mas essa estratégia parou de dar certo no ensino médio. Portanto, mexa-se!

Infelizmente, ser "muito ansioso" também não funciona bem. Nossa amiga Lena estava se correspondendo com um rapaz pela internet e pensava em marcar o primeiro encontro. Imediatamente, ele verificou a compatibilidade de ambos em um mapa astrológico e elaborou no *Photoshop* uma imagem para saber como os filhos deles seriam, tudo isso antes mesmo de se conhecerem. (Ah! Existe também uma situação que é extrema e acontece tarde demais. Isabel teve problemas em seu sexto encontro com um cineasta, quando ele lhe disse que, na verdade, trabalhava com pornografia.)

Felizmente, há uma maneira certa de fazer as coisas e ela é mais ou menos assim: Soraia teve um primeiro encontro maravilhoso com um cara por quem ela de fato se interessou. Ele a deixou em casa por volta da meia-noite e, vinte minutos depois, ligou para lhe dizer que havia gostado muito daquela noite. Entusiasmado? Sim. Ansioso demais? Não. Nas palavras da personagem do conto de fadas Cachinhos Dourados, ao experimentar o mingau dos três ursos: "nem tão frio nem tão quente, no ponto".

Quando você não sabe o que fazer na questão muito calmo/muito ansioso, coloque toda a sua atenção na garota. O que você vê? Cuidado aqui: não falamos do que você gostaria de ver ou esperaria ver. O que você realmente vê à sua frente? Ela está gostando do encontro, ou apenas se mostra educada? Ela está envolvida na conversa, fazendo perguntas e contando histórias, ou apenas escuta? Ela pediu mais uma bebida, ou ainda toma a primeira bem devagar, possivelmente já pensando em ir embora? Olhar as unhas ou brincar com o anel pode ser um sinal de que ela está distraída. O mesmo se aplica se ela bocejar ou começar a mexer no próprio celular. Se você não conseguir perceber nada – e nós sabemos que, às vezes, isso é bem difícil – pergunte à garota. É isso mesmo. "Estou adorando a nossa noite. Gostaria de vê-la novamente. Posso ligar amanhã, depois de você consultar sua agenda, para marcarmos um novo encontro?" (Essa coisa de agenda é importante porque, se for o caso, dará a ela uma boa desculpa. Quando você ligar no dia seguinte, ela pode dizer que está muito ocupada e, assim, você saberá que não deu certo.)

Devemos fazer isso de novo algum dia

No final do encontro, sua namorada em potencial irá querer saber se você está interessado. Por isso, diga-lhe: "Adoraria ver você novamente".

Isso faz nosso coração bater mais forte e nossa imaginação voar; em nossa mente, já saímos correndo para comprar uma calcinha nova. Ligar no dia seguinte também é uma boa opção. Um homem que sabe do que gosta e sabe expressar isso é muito excitante. Lembre-se do seguinte: esse gesto tem um grande potencial de compensação nos encontros número 2 e 3 (pense em sexo).

Se o encontro foi um fracasso, provavelmente vocês dois sabem disso e, tão logo você a deixar em casa, estará livre para seguir sua vida. O lado bom dessa história é que você se lembrará de todas as coisas boas de ser um homem solteiro: poder comer quando e onde desejar, deixar o som da televisão tão alto quanto quiser, passar o tempo do jeito que mais gostar, assistir a esportes, ir a boates de strip-tease, jogar futebol sábado à tarde... seja lá o que for.

ESTEJA PREPARADO

DEZ COISAS QUE VOCÊ NUNCA DEVE DIZER NO PRIMEIRO ENCONTRO:

1. Você se parece demais com a minha mãe.*
2. Você se parece demais com a minha ex-namorada.*
3. Você pode ir a pé daqui.
4. Eu só fiz isso para assustá-la.
5. Admiro os cisnes. Eles se casam para a vida toda.
6. Seu nariz parece o da sua amiga, mas o dela é mais gordo.
7. Você tem belas pernas; elas ficariam ótimas em volta do meu pescoço.
8. Olhando seus braços, você não parece gorda.
9. Desculpe, não entendi o que disse, estou com ressaca de sexo.
10. Adoro este lugar, trouxe outra garota aqui tempos atrás.

*Basicamente, a expressão "você se parece demais com" deve ser evitada a qualquer custo, a não ser que a comparação esteja na capa da revista *Playboy*.

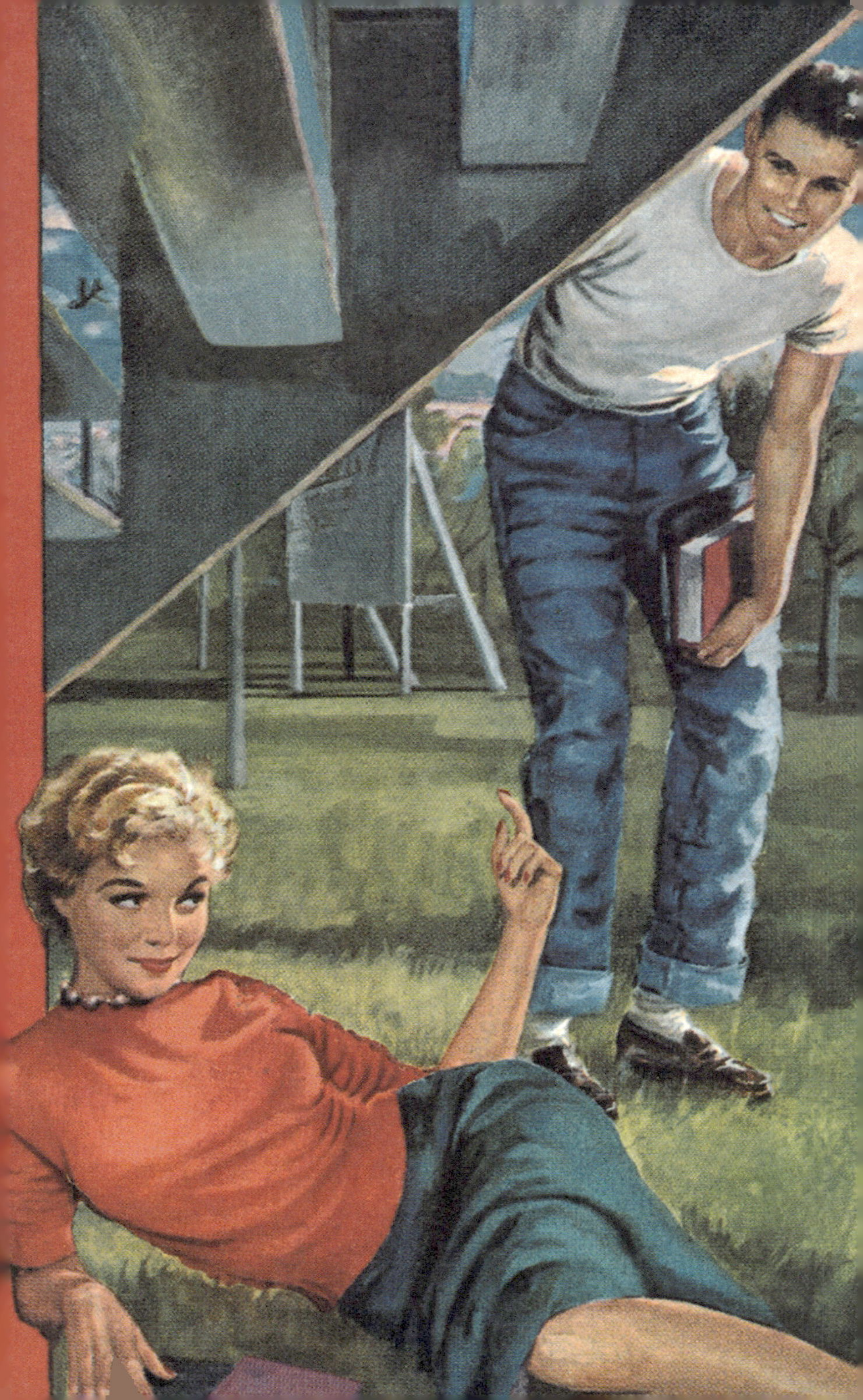

… **CAPÍTULO 5**

QUANDO VOCÊ SE TORNA UM NAMORADO? QUEM DECIDE ISSO?

Ela decide.

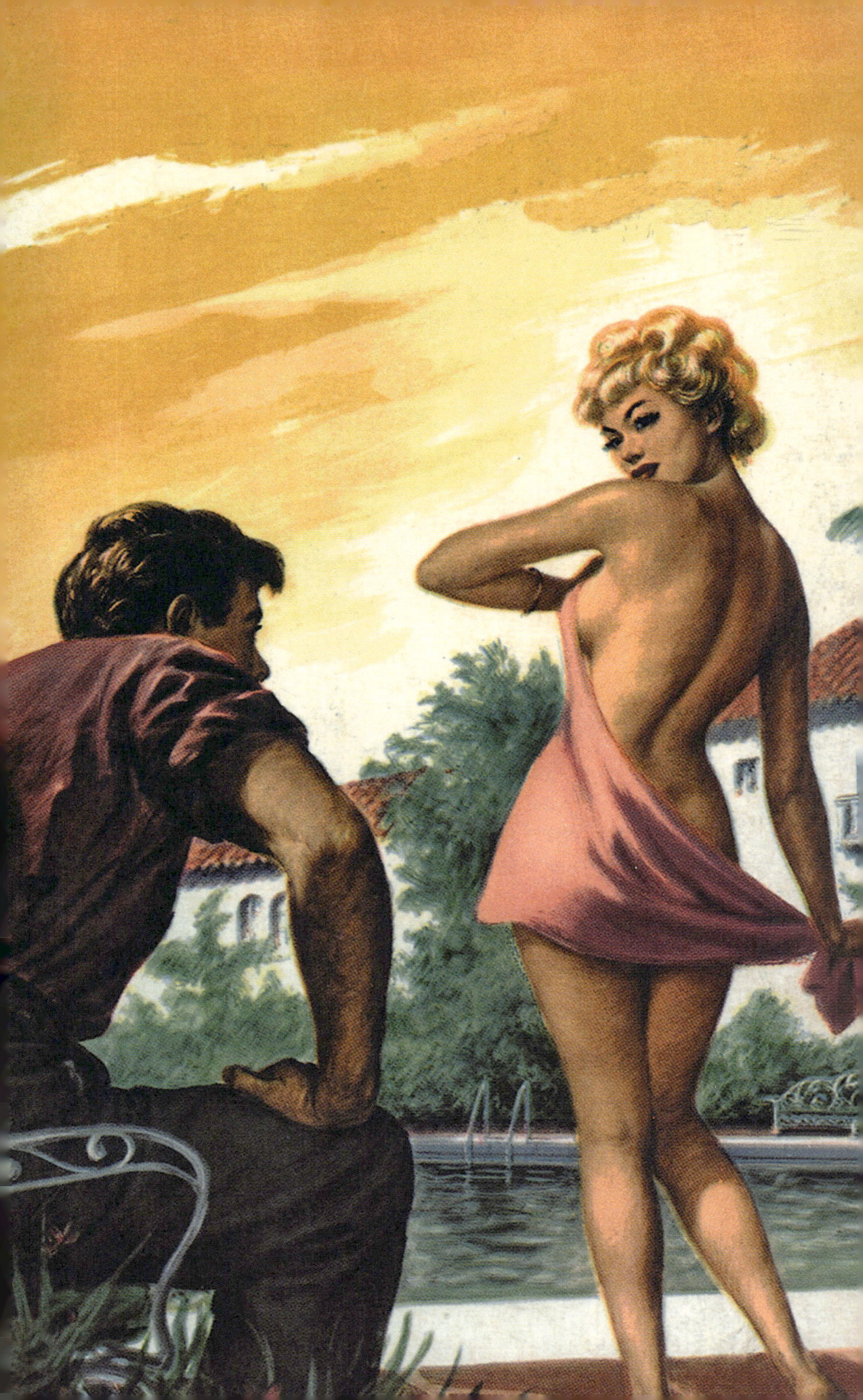

CAPÍTULO 6
EU PAREÇO GORDA?

Imagine que sua namorada está no seu apartamento.

Vocês dois estão confortavelmente acomodados em seu sofá de couro sintético, curtindo esse momento de prazerosa intimidade, passando a tarde assistindo a DVDs e tomando vinho. É perfeito, um verdadeiro Éden do século XXI, com comida comprada pronta e uma TV de tela plana. De repente, ela pega uma revista que traz uma matéria sobre roupas de praia. "O que você acha *dela*?", pergunta a sua garota, num tom meio inocente, meio ameaçador. O "dela" em questão é a modelo mais sensual que você já viu. Com o corpo molhado e levemente sujo de areia, em um biquíni do tamanho de um *band-aid* (incluindo a franja), ela parece olhar direto para você. Na verdade, ela olha através de você, através da sua camiseta predileta, a fim de desvendar os segredos de sua alma.

GUARDE ISSO SÓ PARA VOCÊ.

Respire bem fundo. Evite movimentos repentinos. Você precisará agir rápido, mas não pode sacrificar a perfeição pela rapidez. Escolha cuidadosamente a sua resposta. Certifique-se de que cada palavra seja distinta e clara. Jamais diga a primeira coisa que lhe vier à cabeça. Essa é a marca de um namorado inexperiente e isso poderia levá-lo à completa ruína.

Veja algumas respostas inadequadas, também conhecidas como *Agora você se ferrou*:
- "Cara, ela é demais."
- "Espere um pouco, deixa eu pegar meus óculos."
- "Por que *eu* nunca encontro uma garota desse tipo?"
- "Vem para o papai, vem."

E agora, eis algumas respostas adequadas, também conhecidas como *Você é o cara*:
- "Ela é linda, mas eu prefiro o corpo da minha gata."
- "Meu Deus, essas mulheres me assustam."
- "Ela é muito magra e os peitos são muito grandes... uh."
- "É tudo maquiagem."

Você não precisa de muito para decifrar a não tão secreta linguagem que se esconde atrás da aparentemente inocente pergunta da sua namorada. Ela quer simplesmente reafirmar a própria confiança. Por isso, você deverá apenas administrar a situação com cuidado. Mesmo que ela não acredite em suas amáveis palavras, irá amar a sua lealdade.

Perdendo, perdendo

Antes de você encarar perguntas do tipo "Você me ama?", ou estremeça com "O que você acha dessa louça chinesa?", você terá de transpor a zona de perigo conhecida como "Eu pareço gorda?". Se você não estiver preparado para ela, com essa pergunta você poderá perder o rebolado e ficar totalmente sem graça. Prepare-se. Isso não é papo-furado.

"Eu pareço gorda?" surgirá nas mais variadas formas. Às vezes, será específica: "Eu fico gorda nesse vestido?". Outras vezes, será mais geral: "Como estou?". Pode também aparecer camuflada em uma afirmação: "Eu me sinto gorda" ou "Estou tão gorda que poderia namorar a mim mesma". Exceto se você estiver procurando uma maneira conveniente, embora espetacular, de romper o relacionamento, a resposta para qualquer uma das formas que essa pergunta possa tomar jamais pode ser: "Sim, você parece um pouco cheinha".

Para os homens, emagrecer é um projeto; para as mulheres, uma verdadeira obsessão. Nosso amigo Kevin queixava-se dos seus pneuzinhos. De fato, ele estava quinze quilos acima do peso. Kevin, como a maioria dos homens, tem muito mais jogo de cintura nessa área. Além disso, ele tinha uma namorada realmente linda e uma ótima auto-estima. Para ele, emagrecer era só mais um item na sua lista de afazeres, assim como "limpar a garagem" ou "arrumar a caixa de ferramentas".

Se sua namorada quiser perder dez quilos, ela precisará de apoio profissional, um novo caderno de anotações, um extrator de sucos, revistas especializadas, vídeos de yoga, DVDs sobre educação alimentar e muito chiclete sem açúcar. Isso só para começar. Você conhece algum homem que sairia numa tempestade com o cabelo molhado e sem sapatos, esperando ficar doente e perder alguns quilos? Você conhece algum homem que daria algumas garfadas em seu delicioso jantar e depois despejaria adoçante e vinagre em cima só para não comer o resto? Você conhece algum homem que tomaria laxantes só para entrar em seu velho jeans?

Você conhece algum homem que, por ter exagerado na comida, tenta induzir o vômito para livrar-se dos quilinhos a mais?

A verdade é que nós, mulheres, somos tão obcecadas por nosso corpo que, muitas vezes, avaliamos nossas experiências de acordo com o nosso peso ou com o modo como nos sentimos em relação à nossa forma em cada ocasião. Quando lembramos das nossas férias, por exemplo, pensamos: "Ah, sim, eu estava com 54 quilos então, foi uma viagem maravilhosa". Ou, ao contrário: "Meu Deus, eu estava tão gorda nessas férias, foi uma viagem horrível". Não importa o tipo de viagem; não importa também o quanto estejamos nos divertindo; comparamos tudo à nossa imagem física. Nossa obsessão em perder cinco quilos poderia nos levar para o túmulo, e não estamos brincando. Se pudéssemos esquecer essa obsessão, poderíamos usar todo esse esforço e energia para ajudar a salvar o mundo. Ou, pelo menos, poderíamos lembrar das nossas férias pelos lugares em que estivemos, pelas coisas que fizemos e por quem conhecemos, e não pela nossa forma física. Infelizmente, temos de superar essa condição e tudo o que pedimos é sua paciência. Não é porque perdemos nosso tempo com esse assunto que você também tem de fazer o mesmo.

> Quando somos bem-dotados, acariciamos nosso membro e afetuosamente lhe damos um apelido. Nenhuma mulher jamais deu um nome carinhoso ao seu cotovelo.

Linguagem corporal

Considere a seguinte questão do nosso ponto de vista. Mulheres perfeitamente proporcionais, estonteantemente lindas e quase nuas estão por toda parte, em *outdoors*, nas revistas, na televisão. Porém, o fato de essas imagens estarem em todo lugar não significa que elas serão facilmente digeridas. O que parece um colírio para os seus olhos, para nós, é um soco no estômago. Os publicitários não são burros. Eles sabem que todos nós somos atraídos pela linguagem do sexo. Nós, mulheres, somos atraídas por essas imagens porque somos masoquistas. Os homens são atraídos por elas por causa da fantasia e da possibilidade – embora remota – de transformar a fantasia em realidade. Nós entendemos. Não queremos mudar sua reação e, infelizmente, após anos de terapia, ainda não podemos mudar a nossa.

GPS – Sistema de Posicionamento de Garotas

Você sabia que uma garota tem de fazer meia hora de caminhada acelerada para queimar as mesmas calorias que o namorado dela gasta assistindo a 30 minutos de futebol sentado em sua poltrona? A testosterona é responsável não só por você ser bom em ler guias de rua, como também é uma máquina de queimar calorias. Dane-se você. Além da fisiologia, que age a seu favor, o campo do jogo não é equilibrado. As mulheres nunca conseguem ser muito magras ou muito bonitas. Falamos sobre a pressão de ser mulher (tente você fazer a celulite passar como se fosse um incremento a mais para o seu traseiro). Garotas magérrimas se preocupam em parecer gordas, e garotas gordas se preocupam em parecer ainda mais gordas. Por que você acha que as mulheres adoram os sapatos? Porque eles sempre servem.

Você é o que você come

O mais provável é que a sua namorada jamais lhe mostre toda a multiplicidade do comportamento alimentar insano que ela tem. (Lembre-se: tentamos "manter a loucura na garrafa" para não assustá-lo.) Porém, eis aqui alguns comportamentos que você poderá eventualmente observar nela, e que nós deciframos para você:

A viciada em café. Se ela toma seis xícaras de café numa sentada só, sua namorada provavelmente é uma viciada em café que tenta evitar a comida. Entretanto, cedo ou tarde ela terá de se alimentar e, então, você terá nas mãos uma mulher inchada, irritadiça e ligada no 220 V. Se você estiver saindo com uma viciada em café, procure, sutilmente, fazê-la comer um pouco de pão. Esse alimento irá absorver a cafeína e suavizar os altos e baixos da sua namorada.

A comedora noturna. Ela é capaz de atravessar o dia todo só com alimentos naturais, mas, assim que vem a escuridão, a sua comedora noturna irá devorar tudo o que estiver na frente. Pior, pela manhã, ela estará com uma tremenda ressaca alimentar que a fará se sentir como se estivesse andando debaixo d'água com um sofá nas costas (que é o próprio traseiro dela). Do mesmo modo que você não deve acordar uma sonâmbula, não deve confrontar uma comedora noturna, especialmente quando o amanhecer se aproxima.

A garota "nada para mim, obrigada". Esse tipo é muito semelhante à comedora noturna, pois ela ficará irritada e explosiva por não comer nada o dia inteiro. A garota "nada para mim, obrigada" é capaz de comer em excesso (dois cachorros-quentes, três bananas, dois pratos de macarrão ao molho de queijo *light*, as sobras do bolo de aniversário do seu irmãozinho e um refrigerante *diet*) a qualquer hora, em qualquer lugar; por isso o humor dela oscila tanto. Se você estiver saindo com essa garota, procure oferecer-lhe uma mordida da sua maçã ou do sanduíche. Dê-lhe frutas secas na boca, qualquer coisa que mantenha alto seu nível de açúcar no sangue.

A beliscadora. Como um cavalo, a beliscadora come em pé. Ela pode ser vista encostada na pia da cozinha, ou andando distraidamente com a mão dentro de um pacote de biscoitos. Se essa é a descrição da sua namorada, procure não abordá-la enquanto ela estiver comendo. Se o fizer, finja que você não viu nada fora do comum.

A fuçadora de lixo. Vê um par de saltos altos e pernas depiladas inclinadas diante da lata de lixo? Então, você avistou uma fuçadora de lixo. O *habitat* natural desse tipo de garota é o acidentado terreno do remorso e da determinação. Ela toma sorvete, depois se arrepende e, então, joga o pote fora. Quinze minutos mais tarde, ela está revirando o lixo para recuperar o dito pote e comer mais três colheradas e jogá-lo fora novamente com nojo. Se você flagrar sua namorada fuçando o lixo, manobre a situação cuidadosamente e ponha um ponto final nesse hábito colocando o lixo para fora.

Nosso conselho para você? Mantenha-se longe de toda essa coisa de comida. Não repare no que sua namorada come (ou não come), nem nas vezes que ela come (ou não come). Deixe que ela lide com esse assunto. Sabemos o que alguns homens estão dizendo agora: "Mas ela só fala nisso. Como posso me manter longe de algo de que ouço falar 24 horas por dia, sete dias por semana?". Você está certo. Não pode. Por isso, converse com ela. Diga-lhe que você não consegue mais ouvir falar desse assunto o tempo todo e que ela terá de conversar também sobre outras coisas. Lembre-se de dizer-lhe que a ama de qualquer jeito. Então, ofereça-lhe uma bolacha (brincadeirinha!).

Ame a garota que está ao seu lado

Nosso amigo Levy estava saindo com uma garota encantadora que usava tamanho 46. Eles tinham tudo em comum: gostavam de cavalos, da vida ao ar livre e de colecionar vinhos raros; o sexo era ótimo e a conversa também. Eles formavam um casal maravilhoso. Porém, em sua festa de noivado, Levy virou-se para o futuro cunhado e disse: "Sei que ela está um pouco gorda agora, mas, assim que casarmos, as coisas vão mudar. Gosto de garotas bem magras". Bem, eles se casaram e Cinthia continuou a usar o tamanho 46, exceto em ocasiões em que usava 48. Nossa história não é para falar que Levy é um idiota. Esta é uma história para falar que Levy é um tremendo panaca. Não encane com detalhes de sua namorada que não existem. Falamos sério. Se você continuar pensando ou dizendo para seus amigos: "Sim, mas se ela perdesse três, cinco, sete quilos, ela seria realmente linda", bem, então uma das três opções a seguir cabe para você:
- Você se ligou na garota errada.
- Você não gosta das verdadeiras formas femininas.
- Você é gay.

ESTEJA PREPARADO

Ame o corpo dela da maneira como ele é, ou encontre um corpo que você possa amar, e lembre-se: chegará o dia em que você ficará careca, e nós seremos generosas.

> Justiça seja feita. Se você tem uma namorada que vive lhe dizendo o que comer, obrigando-o a fazer ginástica ou reclamando dos seus pneuzinhos, diga-lhe que você quer uma namorada, não uma professora, nem uma instrutora, nem tampouco uma crítica.

Ela não emagrecerá por sua causa, não é assim que acontece. Se você forçar essa situação – dizendo, por exemplo: "Você realmente vai comer um segundo pedaço de bolo, querida?" – ela ficará magoada e não se sentirá bem ao seu lado. Tradução, rapazes: *Transa, nem pensar*.

Não acredita? Veja o caso da nossa amiga Suzane. Ela estava sentada no sofá com o namorado assistindo à TV quando ele deitou a cabeça no seu colo. Imediatamente, ela se preocupou com sua barriga; ela sabia que ele poderia sentir a flacidez e o volume da sua saliência. Suzane tentou encolher a barriga, mas depois de 40 minutos de um programa de televisão, ela esqueceu e, para seu desespero, sua protuberância ficou aparente. Então, seu namorado fez um coisa notável. Ele a tocou, acariciou seu estômago e disse: "Querida, eu adoro suas curvas, adoro sua pele macia. Fique tranqüila". Eles já estavam nus antes do comercial seguinte.

Corpo de conhecimento

Não existe afrodisíaco mais poderoso do que um namorado que ama o corpo de uma mulher real: as curvas, a maciez, as gordurinhas, a magreza, os volumes, o cabelo, o cheiro, o negócio todo real.

Para compreender de fato a pergunta: "Eu pareço gorda?", você precisa compreender que essa não é realmente uma pergunta. Sua namorada não está pedindo sua opinião honesta; ela está pedindo autoconfiança, aceitação. Por isso, você *deve* responder a "Eu pareço gorda?" com apenas uma palavra: não. Se você tiver de mentir, minta. É simples assim. A resposta é sempre, certa, instantânea e indubitavelmente *Não! Negativo. Nadinha. De jeito nenhum. No. Non. Nein. Nee.*

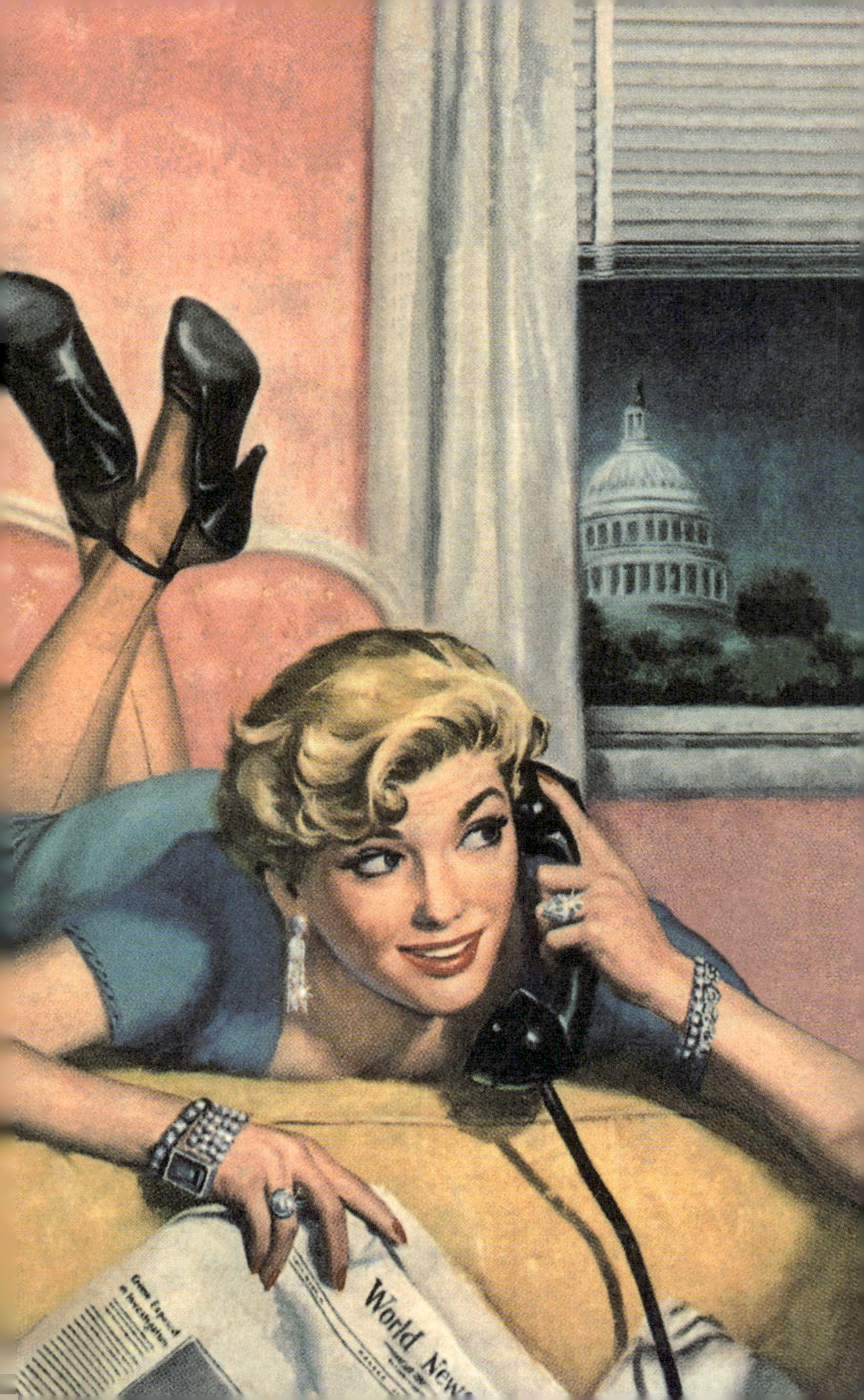
World News

CAPÍTULO 7

SUA LIGAÇÃO É MUITO IMPORTANTE PARA NÓS

Vamos direto ao ponto. Sua namorada vai querer que você ligue para ela. Muito. E, uma vez ao telefone, ela vai querer conversar. Muito. Por bastante tempo. Vinte minutos podem ser uma eternidade para você, mas, para sua namorada, é só um aquecimento. Treinando desde os 12 anos de idade, ela desenvolveu uma resistência digna de um maratonista. Enquanto você passava o tempo jogando *videogame*, ela aperfeiçoava suas habilidades conversando sobre nada horas a fio. Ela é capaz de deixá-lo para trás nesse quesito, o que é uma vergonha, porque provavelmente você nem sequer deseja competir.

Não conhecemos nenhum homem que goste de papear. Você conhece?

Os homens usam o telefone para dar e receber informações pertinentes. As mulheres usam o telefone para estabelecer vínculos, e não conseguimos imaginar que você não use esse aparelho da mesma maneira. Sua namorada usará o desejo de saber sobre o seu dia por meio da conversa (e vice-versa) como uma maneira de estar perto de você. Ela quer saber como você está. As coisas íntimas, e não meramente os resultados. Sua namorada irá tomar sua conversa monossilábica "sim", "não", "bom" e "ruim" como uma rejeição, mesmo se essa não for a sua intenção.

Você pode escapar das conversas ao telefone? Não. Não de fato. Por décadas, os homens têm procurado descobrir como, sem muito sucesso; entretanto, alguns simples ajustes no modo como você aborda essa questão deverão fazer sua namorada feliz, enquanto você mantém sua sanidade.

Minutos aplicados

Não é só o fato de que as mulheres gostam de conversar ao telefone mais que os homens, embora isso seja verdade. E não é só o fato de que as mulheres gostam de trocar mais informações pessoais que os homens, embora isso seja verdade. Os homens interrompem – por favor, deixe-nos terminar – mais que as mulheres. Além disso, as mulheres fazem mais perguntas que os homens. (Você não sabia disso?) E, como se tudo isso já não bastasse, os homens são mais diretos em suas conversas e fazem mais afirmações francas. Entretanto, as mulheres tendem a mostrar maior preocupação com a vida da pessoa que está do outro lado da linha. Não é que uns estejam certos e os outros, errados; é que temos maneiras diferentes de fazer as coisas. Certamente, isso não deveria ser surpresa. Quando foi a última vez que você viu sua namorada beber leite direto da embalagem?

O negócio é o seguinte: você pode conseguir crédito mantendo contato e sendo atencioso, solícito e amoroso e tudo isso com um pequeno investimento, vamos dizer, uma conversa de dois minutos. As ligações podem ser curtas, mas você ganha muitos pontos se ligar para ela duas ou três vezes por dia. Aceite este conselho e você conseguirá evitar aquela hora e meia de "Você me ama?" no final de um longo dia. Pense nisso como um prêmio que você paga para manter o seguro do seu relacionamento em dia.

Talvez você esteja se perguntando: "Como é possível alguém manter uma conversa curta com uma mulher? Só para passar as informações de vôo para a minha mãe me custou 20 minutos". Para isso, veja algumas soluções que seguem:

- Ligue na hora em que você sabe que não irá encontrá-la. "Sei que não está em casa, mas eu estava pensando em você e em como foi bom ontem à noite na exposição de arte/no cinema/no restaurante/ [mencione aqui seu último encontro]."
- Ligue quando você tiver somente dois minutos para falar. "Oi, eu tenho de entrar numa reunião agora, mas eu precisava de uma dose de [diga o nome da sua namorada]. Como você está?"
- Ligue quando você souber que ela estará ocupada. "Acho que você deve estar quase pronta para o seu compromisso das 10 horas, mas tem um minutinho? Eu só queria dizer oi." (Você vai ganhar pontos extras por lembrar que ela tem um compromisso às 10 horas.)
- Ligue para fazer uma pergunta rápida. "Sua irmã gosta de velas ou é melhor comprar um CD de presente de aniversário? Poderia me ajudar a decidir?" Esta estratégia tem ainda a vantagem de proporcionar um contato baseado em algo real. Esse é um momento de sintonia, e sua namorada sentirá que você valoriza a opinião dela. (Além do mais, não é isso mesmo?! E você vai comprar um presente para a irmã dela? Você é demais. Só por isso, tem a nossa permissão para jogar este livro fora.)

Quando usadas conforme as instruções, essas estratégias são 93% eficientes. Além disso, você precisará de ajuda para os outros 7% do tempo. Podemos ajudar nessa parte também. Se sentir que sua namorada se prolongará mais do que você gostaria, sempre é possível terminar a ligação, dando suas "desculpas prontas para desligar o telefone", mas é claro que usando um tom doce e carinhoso, por exemplo: "Adoro conversar com você, mas estou... terminando um relatório/pegando a estrada/ [insira aqui a sua desculpa], obrigado por ser tão compreensiva". Quando você coloca um ponto final na conversa, dá à sua garota o que ela precisa; ao mesmo tempo em que a acalma, ela reconhece sua compreensão.

> ## DE MULHER PARA MULHER
> *Um conselho para sua namorada!*
>
> Os homens jamais usarão o telefone da mesma maneira que você. Tão logo tenham dito a que horas irão pegá-la e onde vocês irão jantar, eles estarão prontos para desligar. A única vez que você conseguirá ter uma longa e íntima conversa com seu namorado ao telefone será antes de ele se tornar seu namorado.

Pegue o telefone

Falar ao telefone é como usar fio-dental. Com eles, você conserva seus dentes e sua namorada por um tempo maior. Do mesmo modo que um dentista sempre quer aperfeiçoar as técnicas de higiene bucal, podemos oferecer alguns métodos testados-e-aprovados para evitar que a placa (e outros resíduos) se acumule entre você e a sua cara-metade.

• Quando você disser que vai ligar em determinado dia ou a certa hora, não se descuide. LIGUE. Por favor, não subestime o valor desse gesto. Ele é realmente importante para nós.

• Se ligarmos para você em uma hora ruim (você está trabalhando, fazendo a barba, conversando com um amigo), diga que não pode falar no momento e que ligará mais tarde. Do contrário, disparamos a falar, sem saber por que você está desatento, preocupadas se foi algo que fizemos, e a conversa fica estranha e equivocada.

• Se você tiver um serviço de atendimento simultâneo, ignore a segunda ligação e, para ganhar muitos, muitos pontos, diga: "Não quero falar com ninguém, a não ser você".

- Se você tiver um identificador de chamadas, não ignore as ligações dela muitas vezes, ou tome cuidado para que ela não venha a descobrir que você estava em casa e não quis atendê-la.

Acima de tudo, seja honesto: Alguma vez você já falou com sua namorada pelo telefone enquanto se olhava no espelho? Pois saiba que podemos ouvi-lo examinando a si mesmo. Sentimos quando sua voz muda sutilmente e quando sua mente divaga para longe da conversa e mergulha no fascinante mundo do "Isso é caspa? Será que preciso fazer a barba? Estou ficando careca? Meu Deus, como eu sou bonito". Sim, você é capaz de fazer várias coisas ao mesmo tempo, mas sabemos quando está falando conosco e loucamente despachando os seus e-mails, remexendo em seus papéis ou assistindo ao jogo (ver o capítulo sobre televisão). Queremos que você saiba disso.

P.S.: Se você tiver de fazer xixi enquanto conversa conosco, mire na bacia e não na água, porque assim não ouviremos o barulho; e se tiver de fazer cocô, preferimos que você nos ligue depois de ter terminado.

Estática na linha

Embora possa ser mais fácil dizer "Eu te amo" ao telefone do que pessoalmente (de fato, essa é a única maneira em que nosso amigo Léo consegue dizê-lo), também é bem fácil que as conversas saiam do controle e rapidamente se tornem longas e penosas discussões sobre o relacionamento. Essas discussões, que aparentemente sempre acontecem no meio da noite, são terríveis. Contudo, você não precisa da ajuda de um guia para encontrar uma rota de fuga dessa conversa e ir direto para a cama; tudo o que você precisa é um simples: "Esse assunto é muito importante, vamos esperar até que possamos nos encontrar". Esse tipo de afirmação irá acalmar sua namorada. Ela saberá que não está tentando se livrar dela, e você poderá dormir um pouco.

ESTEJA PREPARADO

Quando terminamos com alguém – ou, mais freqüentemente, quando ele termina conosco – temos o costume de ligar para saber se ele está em casa. Se ele atende, nós desligamos e voltamos a ligar algumas horas depois. Ou, então, caso tenhamos a senha de sua caixa de mensagens, ouvimos todos os recados deixados em seu telefone. Sabemos que isso não é nada bonito, mas não conseguimos nos controlar. Por isso, se não quiser que escutemos alguma coisa, apague a mensagem imediatamente. Melhor ainda: mude a senha.

No caso de haver uma briga ao telefone, sempre termine a conversa com uma delicadeza, uma palavra de atenção ou de carinho. Diga, mesmo se parecer mentira e mesmo se estiver odiando sua namorada naquele momento, pois o fato é que, dezoito horas depois, você vai amá-la novamente e, enquanto isso, ela realmente vai gostar do seu gesto. É uma garantia para o futuro.

Chegou uma mensagem

Parece que o e-mail foi inventado justamente para o namorado. O correio eletrônico é o lugar perfeito para um carinho (mesmo que virtual) rápido e uma poderosa arma secreta quando você deseja evitar uma conversa telefônica. Um e-mail sugere intimidade sem toda aquela intimidade. Genial. Ele é um dos meios mais fáceis e indolores para você se conectar, e sua namorada vai adorar. Não existe nada melhor que receber uma mensagem do seu homem. Ela pode ser curta e carinhosa: "Como está o seu dia?"; ou um pouco mais provocativa: "Você está usando aquela calcinha vermelha? Achei que estava".

O e-mail também é uma ótima maneira de resolver uma briga. Um rápido "Desculpe, eu sinto muito" ou "Eu sou um cabeça-dura, vamos começar tudo outra vez" realmente é capaz de ajeitar as coisas. O melhor de tudo é que o e-mail colocará uma pedra sobre o assunto. Porém, se ela ainda quiser conversar a respeito (e isso é bem possível), pelo menos você já fez a parte mais difícil do jeito mais fácil: pedir desculpas.

Contudo, lembre-se: assim como o e-mail pode salvá-lo de uma ligação telefônica, ele também pode "queimar seu filme", pois um e-mail é para sempre. O problema de um registro é que ele é um registro. Seja realmente ótimo ou muito ruim, ela vai encaminhar seu e-mail para as amigas e talvez até mesmo para o psiquiatra dela.

Escreva uma carta

O telefone tem seu lugar, os e-mails também. Mas, não há nada como uma carta. Uma carta é como um segredo, uma conversa silenciosa somente entre vocês dois e ninguém mais. Escrever uma carta é um gesto romântico e antigo, e ela poderá guardá-la em seu porta-jóias ou na gaveta de *lingerie*.

Quando nossa amiga Julie estava na oitava série, ela recebeu uma carta do seu namorado, que estava viajando. Ele desenhou duas figuras lado a lado e escreveu: *Não ficamos bem juntos? Te amo, Edu*. Ela tem 30 anos hoje e ainda possui essa cartinha. Diferente de um presente, uma carta é, na verdade, um pequeno pedaço de você, sua letra, suas palavras, sua saliva no envelope (ou, para as mentes criminosas, seu DNA).

Uma carta não precisa ser inteligente, nem espirituosa. Pequenas cartas ou bilhetes (*post-its* também são bem-vindos) deixados aqui e ali ou enviados pelo correio são uma maneira perfeita e indolor de manter estreito contato com sua namorada. Duas frases podem causar grande impacto. Diga a uma mulher que você mal pode esperar para vê-la à noite, e ela já estará meio despida.

A atenção que damos às suas cartas é diferente da que damos aos seus e-mails e telefonemas. Talvez porque elas sejam mais raras. Seja como for, saiba que uma carta tem valor. Use-a a seu favor. Você pode terminar com alguém por uma carta, mas apenas um fraco termina por e-mail e só um covarde termina por um *post-it*. (Com certeza, sua namorada se lembra daquele episódio de *Sex and the City*, mesmo se você não se lembrar.)

Você consegue me ouvir agora?

Manter contato pode ser um prazer ou um aborrecimento. Se você sentir que os telefonemas, mensagens instantâneas e até cartas tornaram-se apenas um ritual obrigatório, pare com isso! Pense neles como um meio para atingir um fim, tanto quanto são as preliminares. O truque é manter contato de um modo que satisfaça vocês dois. Quando você muda sua percepção, muda sua experiência.

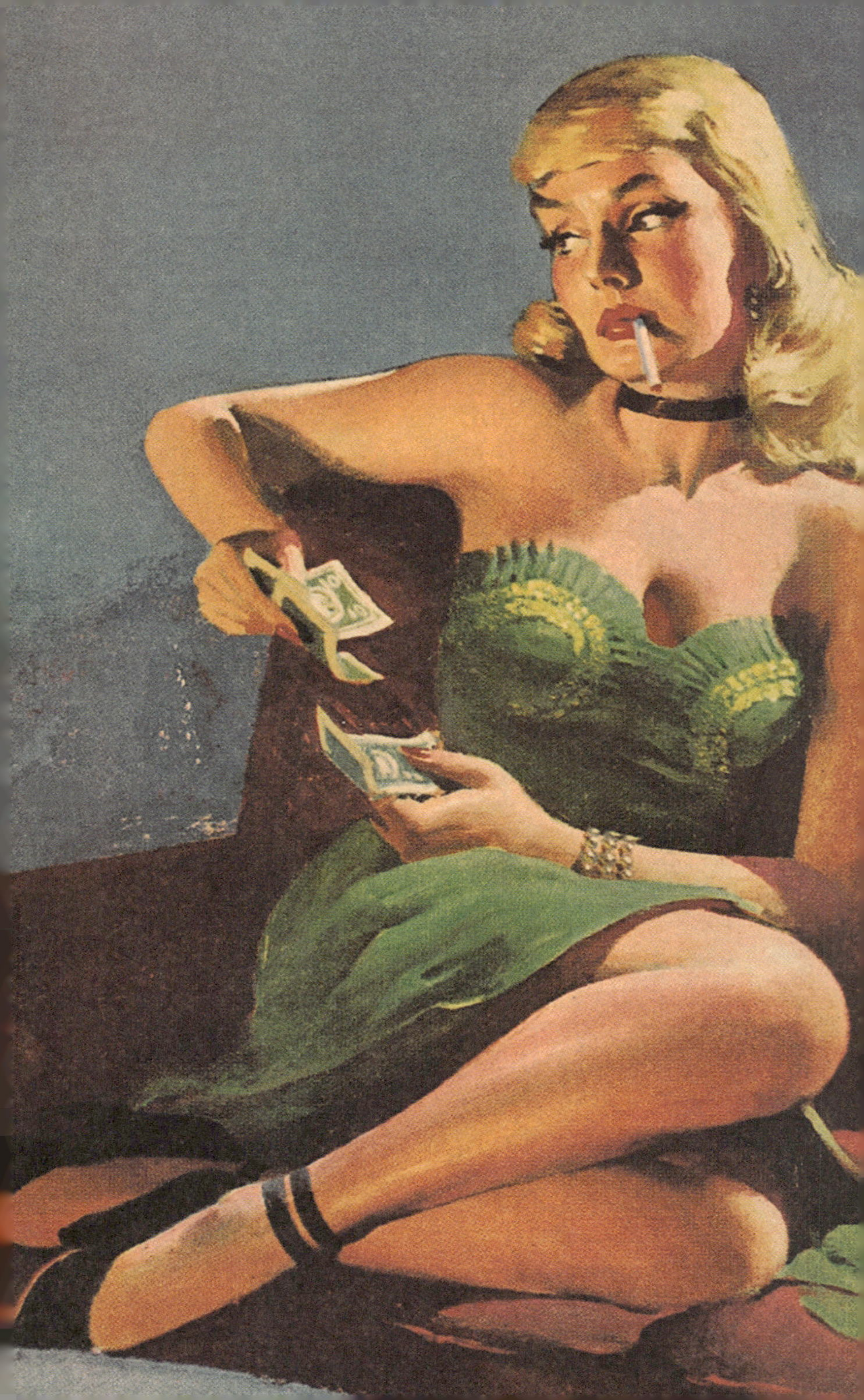

CAPÍTULO 8
DINHEIRO

Nossa amiga Jane e seu namorado andavam de bicicleta no parque e ele ficava apontando para outras garotas bonitas. Era para ser engraçado, uma brincadeira, e ela tentou manter o espírito esportivo, até que, por fim, ela se cansou. "Ei!", disse ela, "Quer que eu também comece a apontar outros caras que têm mais grana que você?". Pronto. Isso bastou para ele entender, e nós queremos que você também entenda. O dinheiro está para o homem assim como a beleza está para a mulher: poder, *status* e passagem livre para os camarins de qualquer show que você queira ver. É a diferença entre uma conexão de alta velocidade e uma de acesso discado. A pressão social que uma mulher sofre para ser jovem, linda e magra é massacrante. Os homens sofrem o mesmo tipo de pressão, porém para ter dinheiro e ser muito bem-sucedidos.

Temos de admitir: um cara rico atrai uma mulher. Aquele ícone da namorada chamada Carrie Bradshaw, personagem interpretada pela atriz americana Sarah Jessica Parker em *Sex and the City*, não caiu de amores pelo Sr. Little, não é mesmo? Um homem endinheirado parece ser tudo o que sempre sonhamos, assim como uma linda mulher parece ser tudo o que você precisa para ser feliz para sempre. Isso não quer dizer que os homens ricos sejam os melhores namorados; muitas vezes, eles são uns verdadeiros idiotas que só pensam em dinheiro. Entretanto, o dinheiro é atraente.

Algumas mulheres são obcecadas por ele, enquanto, para outras, o fato de o cara ter grana significa apenas um bônus. Se tiver muita grana, você pode conquistar nossa atenção, mas isso não será suficiente para roubar nosso amor. Sabemos que você está rindo agora. Obviamente, ficaremos excitadas quando você nos levar para conhecer as ilhas caribenhas em seu avião particular, mas se você for um grosso mal-humorado, mesmo todo esse estilo glamouroso perderá seu brilho bem rápido, isso porque, na verdade, as mulheres gostam de dinheiro sim, mas não pelas razões que você pensa.

Se você tiver um bom nível de vida, acharemos isso atraente, em parte pela liberdade e estabilidade que o dinheiro é capaz de oferecer. Contudo, o mais importante é ver como você lida com o dinheiro e o que ele representa na sua vida. Isso fala muito do seu caráter. Assim, para não haver qualquer confusão, não estamos dizendo que você tem de ser rico. Nós ficaremos igualmente impressionadas com o uso generoso e responsável de recursos mais modestos. Para a maioria das mulheres, o que importa não é o tamanho da sua conta bancária, mas o modo como você a usa.

Namoro e dinheiro

Costumava ser fácil. Os homens pagavam e as mulheres agradeciam. Os homens também usavam chapéu e as mulheres, luvas e echarpe de *chiffon*. Hoje, as regras não são mais tão claras assim; homens e mulheres, muitas vezes, ficam confusos diante da etiqueta do namoro e do dinheiro. Não é só saber quem paga e quanto. A maneira como você lida com o dinheiro pode revelar quem você é e o que sente em relação à pessoa que o acompanha. O dinheiro representa uma outra forma de intimidade, e você precisa ter consciência disso. E, do mesmo modo aquela outra forma mais popular de intimidade – ou seja, o S-E-X-O –, você precisa saber que as regras para um encontro não são as mesmas que se aplicam a um legítimo casal.

• **Não esqueça sua carteira.** No começo, a não ser que a garota insista em dividir a conta, você deve assumir a conta. Pode até parecer antigo, e talvez isso mude algum dia, mas, até o momento, essa é a regra.

• **Não exagere.** A generosidade é encantadora, mas não se exceda nos gastos. Mantenha-se em seus limites. Se você gastar além das suas possibilidades, ela irá presumir que esse é o seu padrão, e depois você ficará ressentido com ela, e ela nem saberá por quê.

• **Não seja machista.** Se sua namorada quiser convidá-lo por conta dela, aceite. Não insista em pagar pelo sorvete, pelo cinema, ou seja lá o que for. Você pode ser moderno sem deixar de ser cavalheiro.

• **Não seja mesquinho.** Nunca, jamais, separe as despesas. Se for importante para você saber que as panquecas de tofu que ela comeu custaram 5 reais a mais que o seu frango à parmegiana, você deve ficar em casa.

• **Não espere nada em troca do seu dinheiro.** Um encontro não é um toma-lá-dá-cá. Pague o jantar de uma mulher quando quiser pagar-lhe um jantar, e não quando você quiser uma chupada. (Sexo oral em troca de um prato de *fettucine* é um insulto a vocês dois.)

• **Não deixe de dar gorjeta ao garçom.** Se você notar que sua namorada deu um olhar de "Desculpe" ao garçom, é porque você não deu a gorjeta certa. Um mínimo de 10% é o padrão, e você deve considerar essa despesa nos custos da noite.

> ## *Garotas interesseiras*
>
> Todos nós vemos mulheres que são verdadeiras caçadoras de milionários, que jogam suas iscas para pegar um homem cheio da grana que possa fazê-las ascender ao auge da boa vida e da ostentação. O problema é que algumas dessas mulheres são tentadoramente lindas. Contudo, mesmo se você tiver dinheiro suficiente para chamar a atenção delas, mantenha distância, pois se elas sorrirem para a sua Mercedes Benz, poderão muito bem cair fora assim que uma Ferrari aparecer.

Romeu pobre

Você não tem de ser um magnata para dar a ela um encontro que a deixará de boca aberta. Na maioria das vezes, o programa em si é menos importante que o espírito que você imprime a ele. Nosso amigo Saulo, músico talentoso, mas eternamente duro, teve um encontro arrasador com direito a comer cachorro-quente na barraquinha da esquina e fazer um passeio de barco ao entardecer. O horizonte estava maravilhoso, a idéia de compartilhar uma vista diferente da cidade foi romântica e tudo custou bem pouco dinheiro. Com certeza, esse programa pode até afastar algumas mulheres, mas a verdade é que, com elas, o namoro não duraria muito mesmo.

Programas bons e baratos

- **Suando a camisa.** Leve-a para andar de bicicleta, caminhar ou correr. Se ela gostar, convide-a para jogar vôlei ou futebol.
- **Uma tarde com as formigas.** Um piquenique pode até parecer sem graça para você, mas provavelmente não é para ela. Descubra o que ela gosta de comer e, então, surpreenda-a com uma cesta cheia de guloseimas.
- **Festival de clássicos.** Organize sua própria sessão especial de cinema. Curta com ela seus filmes preferidos durante a noite inteira no aconchego da sua cama. Entretanto, escolha com cuidado; não é qualquer garota que gosta tanto da trilogia de *O Exterminador do Futuro* quanto você.

- **Um toque diferente para ela.** Combine um encontro à tarde em um motel. Escolha um quarto com banheira de hidromassagem. Porém, não faça disso uma rotina ou ficará banal bem rápido.
- **É *l'amore*.** Toque um CD do cantor italiano Andrea Bocelli, abra uma garrafa de vinho e prepare um jantar à italiana em seu apartamento. Certifique-se de que tudo seja da melhor qualidade. Ela reconhecerá um macarrão instantâneo mesmo sem ver a embalagem.
- ***Spa* à noite.** Faça-lhe um pedicure, incluindo passar creme em seus pés. Será sexy mesmo se você fizer um péssimo trabalho. E você fará.
- **Farra fatal.** Finja que ela é um homem e leve-a para passar a noite jogando *videogame*.
- **Sessão da tarde.** Finja que vocês são velhos amigos que se encontram em um parque para conversar. Depois, leve-a ao cinema. Nada de filmes pornográficos, a não ser que ela sugira.
- **Sonhos de um dia de verão.** Leve-a para ver as vitrines no bairro mais chique da cidade. Imagine como a vida será quando tempos melhores chegarem. Pare para tomar aquele café mais caro com um pedaço de torta.

Se ela for a metade da mulher que acreditamos que ela seja, irá adorar a idéia e o sentimento que você colocou nesses programas e, além disso, irá respeitá-lo por viver de acordo com suas possibilidades. Porém, existe ainda um outro aspecto: quando seu navio aportar, mesmo que for apenas por um fim de semana, leve-a para passear e viver um pouco. Assistir a um concerto, a um show, talvez jantar no restaurante da moda. Escolha um motel diferente. Você se divertirá e, sem ter de falar muito, mostre a ela o quanto valoriza a disposição dela de jogar dentro dos seus limites.

Garota cheia da grana

Então, sua nova namorada tem grana. Uma vagina e dinheiro ao mesmo tempo? Você se deu bem. Certo? Talvez, mas nem sempre as coisas são simples assim. O lado bom dessa história é que você não tem de sustentá-la, sem falar que ela provavelmente não está atrás do seu dinheiro. O lado ruim é que enquanto você curte a casa de praia dela todo fim de semana, o homem das cavernas que ainda vive dentro de você deixa gradualmen-

> te de cumprir suas obrigações básicas. Privado de fornecer comida e de encontrar abrigo, ele começa a se sentir um inútil. Isso o deixa louco. E quando o homem das cavernas interior fica louco, age sem pensar. Objetos se quebram, palavras agressivas saem de sua boca sem o menor controle. Isso não é bom para ninguém. Assim, o que fazer? Conversar e combinar uma forma que agrade aos dois, para que você se sinta como um homem e ela não precise abandonar o estilo de vida ao qual está acostumada. Se, após consultar o seu coração, você chegar à conclusão de que não consegue namorar uma herdeira sem se sentir mal consigo mesmo, tudo bem. Antes de deixá-la, porém, esteja certo de que ela o levará às compras.

Quando Vocês São Um Só

Muito bem, o tempo passou e vocês formaram um casal. Parabéns e bem-vindo ao clube dos namorados. Agora, você tem para quem ligar quando conseguir aquele emprego bacana ou aquela promoção que esperava, e alguém a quem se queixar quando aquele imbecil amassar sua Harley Davidson. Por que agora você pode lançar mão dessas opções? Porque tem uma namorada. Isso irá modificar a maneira sutil e não tão sutil assim de como você lida com o dinheiro.

Uma boa idéia é estabelecer algumas regras básicas para que cada um tenha uma parcela igual no relacionamento. Aqui estão algumas sugestões para ajudá-lo a entrar nesse novo território.

• **Dinheiro não compra amor.** Não substitua atenção por dinheiro. Levá-la a algum lugar bacana ou comprar-lhe muitos presentes não é substituto para o tempo que você pode dedicar inteiramente a ela.

• **Saiba compartilhar.** Ocupar um lugar na vida dela pode fazê-lo pensar que você tem o direito de criticar a maneira como ela gasta o próprio dinheiro, sobretudo quando ela alegremente torra uma grana absurda apenas em um par de sapatos. Não faça isso. Ela espera que você lhe diga que ela merece aquilo e muito mais. (Quando você agir assim, ela se sentirá motivada a desfilar com os sapatos só para você, vestida apenas com eles.)

• **Autoritário.** Se você paga a maioria das contas, não use essa condição para levar vantagem, nem pense que sua contribuição financeira maior lhe dá o direito de tomar decisões em detrimento da opinião dela. Lembre-se do acordo que firmou e de que você deseja que ela se sinta como sua ver-

dadeira parceira. Por isso, respeite o acordo. Ninguém gosta de um jogador que tenta renegociar seu contrato em pleno campeonato.
- **Não está no orçamento.** À medida que o relacionamento avançar, você descobrirá que é preciso planejar juntos férias, grandes aquisições etc. Não tenha receio de fazer um pequeno e informal planejamento financeiro com ela. Nada muito revelador ou difícil, mas simplesmente uma maneira de organizar seus sonhos e prioridades comuns. Essa atitude lhe dará alguma perspectiva e mostrará à sua namorada que você pensa em passar o próximo ano com ela. Se ela eventualmente sucumbir a exagerados impulsos de compra (ouvimos dizer que algumas mulheres fazem isso), suas metas preestabelecidas lhe darão o argumento gentil e carinhoso para que ela reconsidere a compra daquela caixa para transportar cachorro da Prada.

A mudança

Por volta dos 30 anos de idade, sua namorada – que até agora se sentia perfeitamente feliz assistindo a reprises daqueles seriados antigos e comendo salgadinhos em seu apartamento – de repente irá começar a falar sobre imóveis, carreira e plano de aposentadoria. Relaxe. Isso não quer dizer que ela está se tornando materialista; significa apenas que ela realmente quer ficar com você e pensar em um futuro juntos, contanto que não seja a bordo de um *trailer*. Sabemos bem que a palavra "futuro" faz você broxar um pouco, porque na sua cabeça existe a fantasia de que a fase de solteiro em que se dá bem poderia durar para sempre. Não vai. Assistir aos seriados comendo salgadinhos permanecerá igual, mas, a menos que você se arranje com uma namorada estável, o mais provável é que você compartilhe essas maravilhas com uma legião de garotas cada vez mais promíscuas e patéticas, até que elas o abandonem e sua mãe morra com o coração partido. Assim, se não quiser matar sua querida e velha mamãe, você precisa se fazer duas perguntas:

1. Estou pronto para começar a pensar em imóveis, carreira e plano de aposentadoria?
2. Estou pronto para começar a pensar em todas essas coisas junto com ela?

Se a resposta às duas perguntas for *sim*, ótimo. Entretanto, se não estiver pronto, diga isso a ela. Ela poderá dar mais tempo a você, que será aproveitado de forma prazerosa e com respeito e honestidade mútuos. Se estiver pronto para tudo aquilo, mas não com ela, diga-lhe isso também. Quando ela superar a mágoa, pensará em você como um cara leal. Ao mesmo tempo, você estará livre para procurar a mulher certa, que pode estar esperando ali, na próxima esquina. Seja qual for sua decisão, não a engane, porque quando ela descobrir a verdade ficará furiosa com você, e com razão.

Mostre o dinheiro

Da mesma maneira que as mulheres acham difícil acreditar que os homens possam amar outra coisa que não seja um corpo perfeito, os homens parecem ter problemas em aceitar que as mulheres sejam capazes de querer alguém por sua qualidade e não pela quantidade. Sim, os diamantes são os melhores amigos de uma garota, até o dia em que essa mesma garota pega uma gripe e, então, seu melhor amigo, independentemente do seu quilate, é o cara que lhe traz uma sopinha e um bom filme para assistirem juntos. Portanto, não se preocupe se você não é o milionário norte-americano Donald Trump (empresário e apresentador de TV, que criou o bordão "Você está demitido", também usado na versão brasileira do programa *O Aprendiz*, apresentado por Roberto Justus). Sua namorada conhece o valor do dinheiro e também sabe quanto vale um cara legal. Assim, se você vai buscá-la em seu carro velho, fique frio, meu amigo. Ótimos namorados também andam de ônibus.

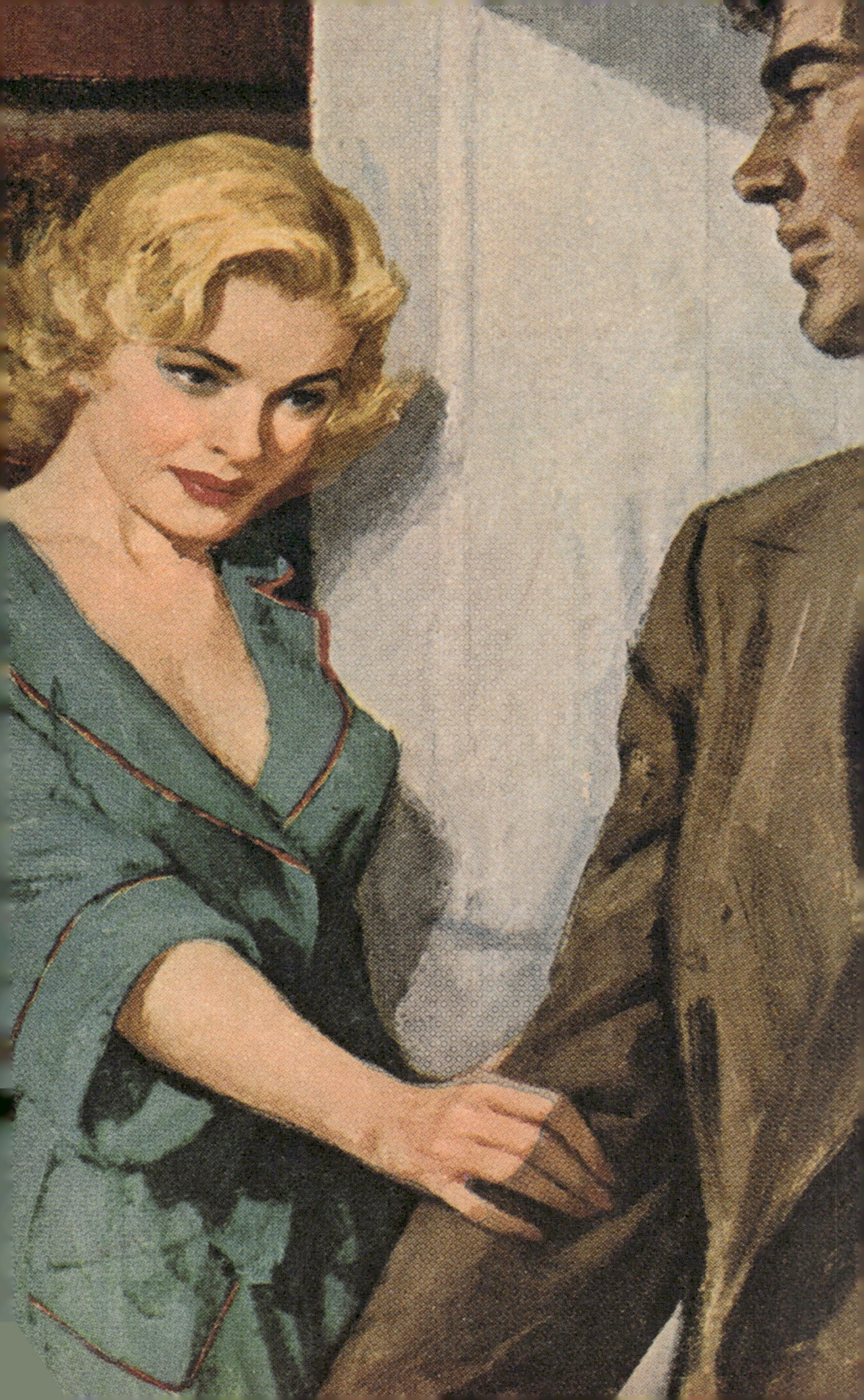

CAPÍTULO 9

NA SUA CASA OU NA MINHA?

Era uma vez, na distante década de 1960, um astronauta bem-apessoado — vamos chamá-lo Major Bonitão – que encontrou uma garrafa em uma praia deserta. A quilômetros do bar mais próximo, e desesperado por um gole, ele a destampou. E lá estava ela: uma linda mulher com um decote generoso, um longo rabo-de-cavalo louro e uma roupa de *stripper*. Ele a levou para casa (você não a levaria?) e, então, teve início uma nova e feliz vida juntos.

A série de TV *Jeannie é um Gênio* foi um sucesso por anos a fio pela simples razão de que retratava uma fantasia coletiva. Ele chega em sua casa na qual o espera uma loura quase nua, que é loucamente apaixonada por ele, trata-o de "Amo" e não é má cozinheira. Sem remoer ressentimentos, ela desaparece quando necessário para dentro da sua garrafa mágica, que mais parece um ninho de amor do fundador da revista *Playboy*, Hugh Hefner. O Major Bonitão conquistou a namorada perfeita, que está lá, mas não está realmente lá, e para quem cada desejo do seu mestre é uma ordem. Essa é a fantasia de um namorado levada ao extremo. Porém, a série também era muito popular entre as mulheres, para quem, embora o Major Nelson parecesse estar no comando, na realidade, era Jeannie quem manuseava todas as cordinhas. Ninguém podia tomar o lugar dela, ninguém podia passá-la para trás. Jeannie tinha poder porque era mágica e porque era adorada por seu homem, por seus amigos e por milhões de telespectadores. Todo mundo podia participar desse lar doce lar.

Cada episódio era um estudo de como o Major Bonitão e sua namorada mágica cuidavam dos seus problemas. E eles tinham um bom arranjo. Jeannie podia vaguear pela casa do Major o dia inteiro, mas retornava para sua garrafa toda noite; assim, ele jamais precisava se preocupar em chegar em casa e encontrar uma decoração totalmente nova ou um banheiro abarrotado de produtos para maquiagem e tratamento de cabelo. Desse modo, a casa do Major Bonitão permanecia seu castelo intocado. Eles haviam chegado a um acordo "para viver não completamente juntos" que funcionava no caso deles. E todo casal sabe como isso pode ser complicado. Contudo, a menos que a sua vida tenha virado um roteiro de seriado, você precisa conhecer algumas regras básicas que o ajudarão a conduzir as coisas de um modo tranqüilo quando um estiver no terreno do outro.

Uma coisa pela outra

Tão logo vocês sejam um casal, pequenas e aparentemente inocentes perguntas começarão a surgir. Ela pode deixar a escova de dentes no seu apartamento? Ela pode deixar a *lingerie*? E a pílula anticoncepcional? Você deve dar a ela uma cópia da chave? Não se engane. A escova de dentes significa alguma coisa, não tanto quanto a chave, mas tudo conta. Sua namorada desejará deixar as coisas dela em sua casa. Isso a faz sentir que tem um espaço ali, que você quer que ela volte.

Tudo isso o deixa perturbado?

Nós compreenderemos se você não quiser chegar até esse ponto. Ele é o primeiro passo em direção a viver com alguém, e o primeiro a afastá-lo da sua independência. Entretanto, você precisa saber que é assim que sua namorada vê aquela calcinha em seu armário: você tem alguma coisa dela e, uma coisa pela outra, ela tem um pedacinho de você. Por isso, se você vai permitir que ela deixe a *lingerie* em seu quarto, guardada entre os velhos bonés de estimação e sua coleção de carros em miniatura, não finja que isso não significa nada.

A mesma regra se aplica a deixar suas coisas na casa dela. Se ela gostar mesmo de você, gostará de ter objetos seus pela casa. Para ela, isso significa que você se sente bem lá e, o mais importante, que você vai voltar. Ao contrário de você, ela não ficará perturbada com esse primeiro passo em direção a viver com alguém; de fato, ela ficará entusiasmada com a idéia. Sua namorada gosta de ter suas coisas por perto. Elas a fazem lembrar de você. Seu par de tênis tamanho 42, sua camiseta e seus jeans a fazem se sentir tão feminina exatamente porque são tão masculinos. Além do mais, acredite se quiser, colocar sua camisa suja na máquina de lavar com a blusa suja dela pode ser comovente para ela. Não porque adoramos lavar roupa, mas porque isso nos faz sentir especiais e ligadas a você. A propósito, nós nos sentimos desse jeito fazendo muitas outras coisas para você, e não apenas serviços domésticos.

GPS – Sistema de Posicionamento de Garotas

Os homens gostam da casa fria. As garotas gostam da casa quente. Mantenha o termostato no máximo e você terá maiores chances de vê-la nua.

A questão-chave

Dar a chave ou não dar a chave, eis a questão. Dar uma cópia da chave da sua casa à sua namorada ou ter uma chave da casa dela é um passo mais importante do que simplesmente deixar seu jeans pendurado na cabeceira da cama dela. Se você der a chave para ela, as vantagens podem ser enormes. Você chega em casa do trabalho e lá está ela, esperando por você... nua. Por sua vez, você pode deixar pequenos bilhetes ou presentes para ela ou estar lá com o jantar, esperando por ela... nu. Convidativo, não? É claro, também existe o outro lado. Se você romper o namoro e ela entrar em parafuso, ela poderá bisbilhotar no seu quarto, revelar seus segredos, roubar as calças de todos os seus ternos e – sem você saber – usar sua escova de dentes como termômetro retal (essa é uma história verdadeira).

Pedir a chave de volta pode ser bem desagradável. Temos um amigo que mudou da namorada nº 1 para a namorada nº 2 e, embora ele houvesse rompido oficialmente com a primeira namorada, não conseguiu pedir para ela que devolvesse sua chave. Uma vez, no meio da noite, a namorada nº 1 apareceu em seu quarto, onde a namorada nº 2 dormia, satisfeita e feliz, nos braços dele. Não foi bonito. A namorada nº 1 queria matar a namorada nº 2, arrancar sua cabeça e comê-la. Tudo o que esse cara fez de errado foi oferecer a chave cedo demais. Simples assim. Portanto, lembre-se: uma chave tem valor; não saia por aí distribuindo cópias como se fossem balas.

Eis alguns critérios-chave para ajudá-lo nessa questão. Ignorá-los é por sua conta e risco.

1. Ela deve ser a única mulher com quem você deverá estar dormindo, realmente e de verdade.

2. Você precisa se sentir totalmente à vontade com a idéia de que ela possa aparecer de supetão para lhe fazer uma surpresa no momento em que você não esteja inspirado para receber uma surpresa.

3. Você precisa gostar da idéia de que ela possa zanzar por sua casa quando você não estiver lá. (Está tudo bem para você se ela abrir suas gavetas e aquelas caixas guardadas no armário? Porque, provavelmente, ela fará tudo isso.)

4. Você tem de se sentir bem com a possibilidade de que ela atenda o seu telefone.

5. Você precisa gostar da idéia de que ela venha a descobrir alguns dos seus segredos.

Em todo caso, se você enfiar os pés pelas mãos e descobrir que deu a chave a uma louca de pedra, sempre poderá trocar a fechadura enquanto ela estiver no trabalho.

ESTEJA PREPARADO

Sua namorada sempre irá querer mais almofadas sobre a cama e sobre o sofá. Qualquer cantinho da casa em que as pessoas possam relaxar, ela irá querer cobrir de almofadas. Os homens não têm almofadas. Do seu ponto de vista, o sofá já é bem macio. Além disso, quando se senta, você joga as almofadas no chão. Faz o mesmo com as da cama. Amigos, a expressão para isso é "praga das almofadas". Assim como mofo e fungo, é difícil de acabar com ela. É possível controlá-la, mas se prepare: exige constante vigilância e cuidado. Conhecemos um namorado que se viu obrigado a atirá-las pela janela para se fazer compreender. A namorada dele voltou para casa e encontrou o gramado como se houvesse sido decorado para uma festa da década de 1960 e, finalmente, entendeu o recado.

Enfeitando o seu ninho

Tão logo sua namorada sinta-se à vontade em sua casa, ou se for realmente confiante (leia-se "abusada"), ela poderá sentir a necessidade de se livrar da sua manta xadrez e de redecorar seu refúgio. Não se intimide. Você pode bater o pé no chão.

Entretanto, você poderia se deixar levar e aproveitar a situação a seu favor. Se sua namorada está louca para redecorar aquele cantinho, é muito possível que ela arranje tempo para encontrar o sofá perfeito e também a mesa, toalhas e a churrasqueira (ver: gene das compras). Pense nisso como uma mudança para melhor. Com muito jeito, ela substituirá seus lençóis de poliéster por outros de puro algodão com pelo menos duzentos fios (você não precisa entender o que é isso). Ela também trocará suas velhas meias esportivas largadas sobre a mesa do café por velas perfumadas, que você não poderá vestir para jogar futebol, mas que, sem dúvida, terão um cheiro bem mais agradável. Provavelmente, ela trará da casa dela ou comprará algumas toalhas novas, pois embora as suas tenham apenas quatro meses de uso, você nunca as lavou e, por isso, elas cheiram a mofo e as felpas grudam no corpo quando ela se enxuga. É possível que ela estenda um lindo tapete sobre a mancha no carpete, aquela que está lá desde que sua última namorada atirou uma tigela de sopa na sua cabeça. Esse tipo de cuidado não aborrece e, vamos ser honestos, a menos que tenham gatos, a casa das mulheres costuma ser muito mais cheirosa que o apartamento dos homens.

> Ser mulher não significa ter o monopólio do bom gosto. Você tem o direito de bater o pé por seu tapete cor-de-laranja.

Etiqueta no banheiro

Vamos falar agora do assento do vaso sanitário. Existe uma escola de pensamento que acredita que a posição do assento é responsabilidade exclusiva dos homens. Com licença, vamos discordar.

Evidentemente, na casa da sua namorada, o assento deve ficar abaixado. Uma mulher senta nele. Ele permanece abaixado. Simples. Portanto, quando você estiver na casa da sua namorada, por favor, abaixe o assento sanitário após fazer xixi, especialmente à noite. (Não há nada pior para nós, mulheres, do que, inesperadamente, sentir o traseiro molhado às 3 horas da manhã.) Faça isso e, quando estivermos em seu apartamento, retribuiremos a gentileza. Você prefere o assento levantado? Tudo bem.

Será a nossa vez de colocar o assento de volta à sua posição depois de usá-lo, sem problemas.

Nossa pesquisa revelou também que muitos namorados têm problemas com o papel higiênico. Com freqüência, não há sequer um rolo na casa por semanas. Não queremos nem imaginar como você se arruma sem ele. Contudo, você deve comprar papel higiênico se quiser que continuemos a freqüentar sua casa. Também seria maravilhoso se colocasse o papel no suporte apropriado, mas já será muito bom se pudermos contar com ele. Além disso, por favor, não compre a marca mais barata que encontrar, porque não somos loucas de limpar nosso bumbum com algo que parece mais uma página de jornal.

Uma última observação. Podemos, por favor, discutir aquela chacoalhada após o xixi? Nós não sabemos se esse tipo de coisa é um impulso primitivo para "marcar o seu território", mas aquelas pequenas gotas espalhadas por todo o banheiro são nojentas. Portanto, seja educado: chacoalhe com cuidado.

Não há lugar como o nosso lar

Talvez você e sua namorada não compartilhem do mesmo conceito de limpeza e organização. Tudo bem. Não estamos aqui para convertê-lo, mas para esclarecer alguns pontos. Não estamos dizendo que você deve, como um cachorrinho, rolar e se fingir de morto, enquanto ela transforma a sua fortaleza em um cenário de revista de decoração, mas ela se sentirá bem mais feliz em sua casa se o lugar estiver dentro de certos padrões mínimos de limpeza. Se ela cobrir seu recém-adquirido papel higiênico com uma capa de crochê, ou quiser que você compre um tapete da *Hello Kitty* para o banheiro, ou falar em cores "acentuadas", pode bater o pé no chão. Se, porém, você permitir que ela troque seus horríveis lençóis cor-de-burro-quando-foge por uma linda e refinada roupa de cama (que pode ser em tons masculinos), ela até poderá querer ficar na cama com você o dia todo.

> No final das contas, o que importa é: a cada de um homem é seu castelo, mas se seu castelo estiver em ruínas, não iremos visitá-los. Se ficar nua no meu da sujeira for uma espécie de teste do nosso desejo por você, cedo ou tarde, iremos ceder.

Sabemos que vocês, homens, pensam que nós sempre queremos mudá-los. E queremos mesmo. Contudo, se quiser ter uma namorada, você tem de encontrar um meio-termo entre viver como um estudante em uma república e ver seu castelo transformado em uma casa de princesa. Estamos pedindo para você considerar o bem-estar da sua namorada e, para isso, nossas sugestões são muito práticas. Em outras palavras: compre papel higiênico de verdade em vez de surrupiar os guardanapos da pizzaria da esquina. Abasteça seu banheiro com xampu de verdade, e não com sabonete líquido diluído. Se a casa estiver empoeirada, compre um aspirador de pó e dê uma geral por ela. Satisfaça as necessidades simples como ter leite desnatado para o café dela e verá como vale a pena.

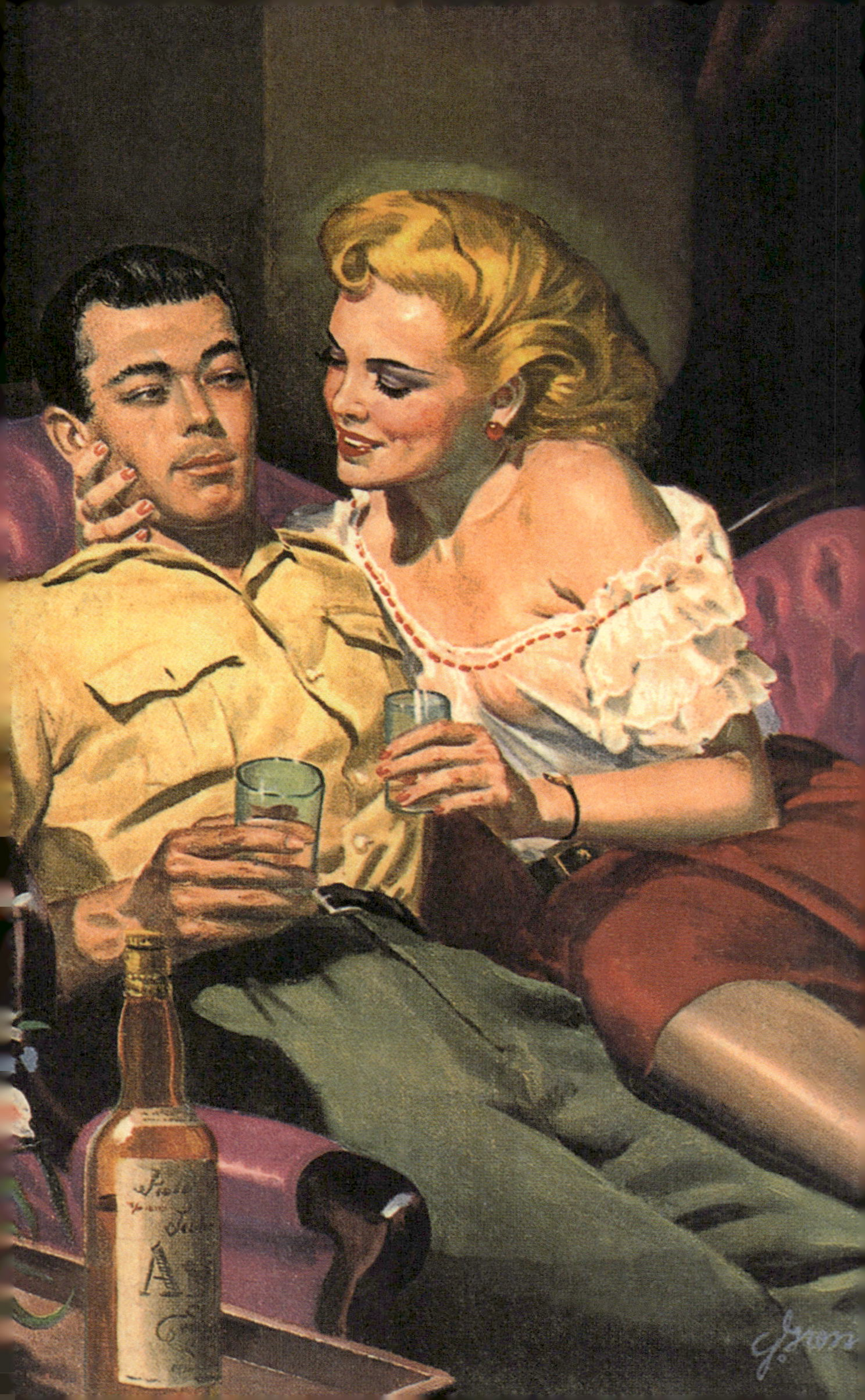

CAPÍTULO 10
INTERROMPEMOS ESTE PROGRAMA...

Nosso amigo Bruno usa um videogame de luta livre como forma de evitar sua namorada. Aparentemente, olhar homens vestidos de Zorro pulando uns sobre os outros é a única maneira que ele tem para encontrar um pouco de paz e silêncio. Ficar solteiro ou trocar a namorada por outra melhor parecem soluções mais adequadas. Contudo, para cada cabeça uma sentença.

A televisão, assim como o canivete suíço, tem uma grande variedade de funções. Pode ser uma forma de relaxar juntos ou de sutilmente se esquivarem um do outro, uma fuga compartilhada ou uma desculpa para se abraçarem no escuro. A televisão pode agregar conhecimento, proporcionar boas risadas e preliminares, tudo isso sem sair do sofá. No caso de Bruno, ela é à prova de namoradas. Assistir a toda a primeira temporada da série Friends em DVD, comendo pizza e com um intervalo para fazer sexo, é uma ótima maneira de passar um domingo chuvoso. Talvez até melhor do que uma gostosa lareira.

As mulheres acham que ver TV é coisa para casais, enquanto os homens pensam nela como uma intimidade de baixo impacto, uma forma de ficar juntos sem se comprometer completamente. Sua namorada pode ficar emocionada ao assistir *Lost*, imersa em seus sentimentos e adorando a história, enquanto você também pode curtir a emoção (sim, essa realmente é a palavra), porque o drama se passa a uma distância segura (em alguma ilha deserta) e a TV é um esporte do espectador. Ela pensa que vocês estão compartilhando a mesma experiência emocional; você pensa que vocês estão compartilhando uma ótima história, e aquelas lágrimas em seus olhos contam pontos para você. Nunca você pagou tão barato para conseguir tanto.

Possibilidades remotas

O movimento pelo sufrágio deu às mulheres o direito ao voto, mas não pôde prever o controle remoto. Para manter o controle remoto em um território neutro seriam necessários um protesto, uma greve ou outra guerra. Vocês, homens, agem como se o controle remoto fosse um tipo de instrumento sagrado, como se ele exigisse uma destreza especial, uma capacidade e uma intuição para pilotar a espaçonave *Millennium Falcon* de *Guerra nas Estrelas*. Parece que as mulheres simplesmente não são qualificadas para manipular esse objeto divino. Temos um amigo, Mark, que leva o controle com ele para o banheiro a fim de que sua namorada não usurpe sua autoridade. Ele até chegou a confessar que, ao sair de casa, retira as baterias da bendita coisa para proteger seu domínio. Não é porque seu formato lembra um pênis que você tem um direito de nascença sobre ele. Lembre-se de que existe o direito à igualdade e que você deve respeitá-lo se quiser manter sua namorada. Vejamos o que fazer: Nós concederemos a administração principal do controle remoto a você, mas você deverá formalmente dividi-lo algumas vezes por ano, além de reconhecer que as mulheres assistem à TV de maneira bem diferente do que você. Estamos falando dos PVFs (Padrões de Visão Femininos).

Ao assistirem à televisão juntos, você aprenderá (novamente) que sua namorada é modelada de uma forma diferente de você. Ela não irá "zapear" pelos canais, e você provavelmente não irá parar de fazê-lo. Ela ficará no que lhe parecer o melhor programa, e ele não será nada parecido com "a última luta" ou "corrida de caminhão". Por isso, faça a coisa certa. Que mal pode fazer se você assistir a um filme de vez em quando? Mesmo se esse filme, do tipo "mulheres em crise", que ela o obriga a ver, fizer você chorar, lembre-se de que chorar libera testosterona, que deixa a sua voz muito mais atraente. A longo prazo, toda essa experiência poderá torná-lo ainda mais viril.

DE MULHER PARA MULHER
Um conselho para sua namorada!

Quando a televisão está ligada, os homens entram em estado meditativo, impenetrável. Eis o porquê: os homens fazem apenas uma coisa por vez. Quando eles fazem amor, fazem amor. Eles não pensam no trabalho, no jantar, nas contas, da maneira que nós podemos pensar. Deixe-o assistir ao programa sem interrupções e, se você realmente precisar muito da atenção dele, desligue a TV, ou tire a roupa, ou faça as duas coisas.

O que eu perdi?

As mulheres gostam de conversar. Em qualquer lugar. Em casa, no trabalho, na biblioteca, no banheiro, na academia, no supermercado, na concessionária de automóveis, no banco, na loja de *lingerie*. Mas isso não termina aí. Também gostamos de conversar quando assistimos à TV. Obviamente, se há conversa, não há muita atenção focada na TV. Entendemos isso. A questão é que o silêncio necessário para ver um programa a sério, às vezes, provoca em nós um impulso incontrolável de falar com você. Nada demais, apenas bater papo. Não consideramos isso uma interrupção de verdade; entretanto, é provável que a conversa interrompa sua diversão. Vocês, homens, gostam de sintonizar, concentrar-se e assistir. Nós gostamos de participar. Veja o sucesso dos programas de vendas na TV. Portanto, não deixe que a nossa necessidade de conversar estrague o que poderia ser um momento perfeito. Faça-nos compreender. Demarque seu território e nos diga quais programas não são zonas de conversa. Se não respeitarmos seu pedido, você ainda pode lançar mão da fita adesiva.

ESTEJA PREPARADO

Nunca notou que, quando você se senta para ver TV, sua namorada coloca os pés no seu colo sem dizer uma palavra? Não é um favor, nem uma troca, nem um pedido. Na verdade, não há dúvida sobre isso: ela quer que você acaricie os pés dela. Essa nossa atitude lembra os gatos. Eles pulam no seu colo e você os acaricia. Não estrague esses momentos fazendo com que ela também esfregue os seus pés. Achamos que isso é razoável, já que você monopoliza o controle remoto.

Guia da TV

Com certeza, você e sua namorada gostam de assistir a programas de *reality show* e às mais variadas séries que vocês adoram. Já você acompanharia uma maratona de doze horas de programas sobre futebol, estilo *Mesa redonda,* ou ainda de *Jornada nas Estrelas.* Por sua vez, ela passaria o feriado assistindo a todos os filmes de época do ator britânico Colin Firth. Basta lembrar das regras: divida com ela como ela deve dividir com você. Assim, todos têm sua vez.

O lado bom dessa história é que se você assistir a algo bem feminino como *Sex and the City* com a sua namorada, verá muitas jovens mulheres, excentricidades sexuais e, quem sabe, alguma cena de mulher com mulher. Portanto, não se apresse em reclamar. Você pode descobrir que gosta de variar a sua dieta.

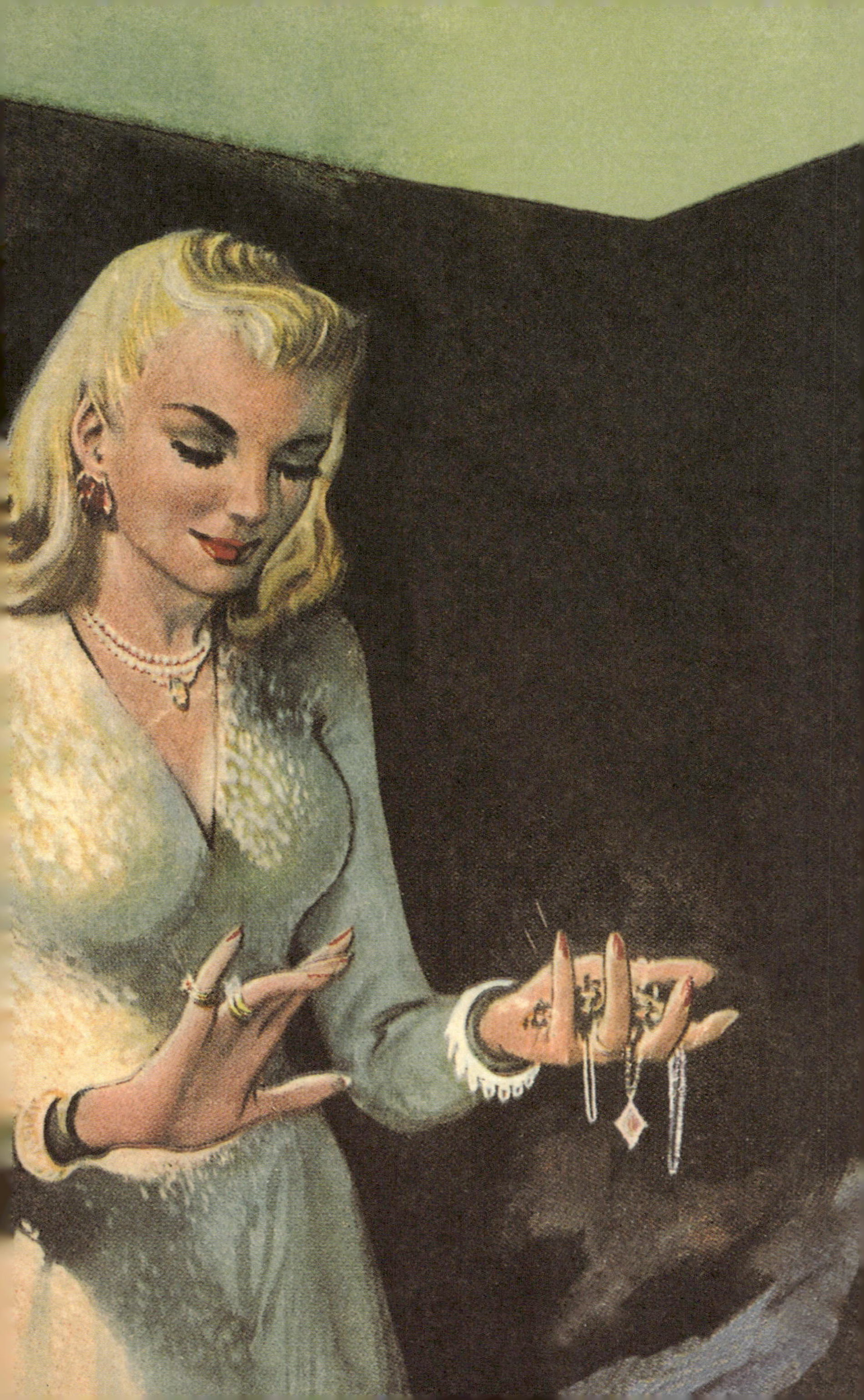

CAPÍTULO 11

É SIMPLISMENTE TUDO O QUE EU SEMPRE QUIS

Na vida atarefada de um namorado, preocupar-se com presentes talvez não seja um assunto prioritário e, comparado a outros aspectos do seu relacionamento, essa é uma questão menor. Contudo, estamos dedicando a esse assunto um capítulo inteiro porque, como você já deve ter notado, coisas que parecem não ter importância para você podem ter um significado profundo para a sua namorada.

Não é que sua namorada tenha uma necessidade voraz por presentes; se ela tiver, pense em se separar. A questão é que ela olha para o momento e associa a escolha de um presente aos seus sentimentos. (Soa familiar? Aquilo que você faz não é somente aquilo que você faz; muitas vezes, representa algo a mais.) Eis por que você precisa pensar nos presentes que dá a ela como verdadeiras mensagens, como símbolos potentes, de fato. (Qual namorado quer ser impotente?) Um presente mal escolhido – por exemplo, uma espátula, um grampeador, uma assinatura da revista *Quatro Rodas* – carrega uma mensagem pobre, ao passo que um mimo bem escolhido – o perfume favorito dela, uma jaqueta de couro, uma caixa de chá – é capaz de instantaneamente transformá-lo em um homem romântico, atencioso e insuperável.

Você não deve ter

Sabemos que a questão dos presentes pode ser bem intimidante, mas existem algumas regras que podem ajudá-lo a enfrentar o processo de escolha com mais confiança. Não banalize o problema, dizendo "Não sei o que dar a ela" ou "Ela é uma pessoa muito difícil de presentear". Como se diz, "abra bem os ouvidos" e logo perceberá que, só em uma semana, sua namorada irá mencionar de passagem umas dezessete coisas que ela quer. No mínimo. Assim, tome nota. Ela passa por uma vitrine e suspira por uma blusa; ela elogia a bolsa de outra mulher; ela comenta que está sem perfume ou meias esportivas. Faça listas ou carregue um pequeno gravador para poder ouvir a conversa mais tarde, quando estiver sozinho. Realmente, não é tão difícil como parece. Quando começar a ouvir, você aprenderá o que ela gosta e o que não gosta, e isso tornará bem mais fácil a escolha de um presente que a agrade.

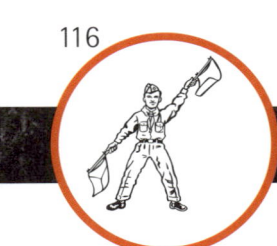

ESTEJA PREPARADO

Se ouvir não é seu ponto forte, finja. Compre-lhe um legítimo *cashmere*.

Para escolher o presente perfeito, vá a lojas de moda jovem feminina, e não a lojas de ferramentas. Jóias são sempre opções campeãs, mas esqueça os anéis de compromisso. A primeira vez que ela deve abrir aquela caixinha com uma aliança será quando você a pedir em casamento. Roupas são sempre uma boa idéia e, se ela não gostar do que você lhe comprou, é possível trocar a peça. Outra possibilidade é perguntar às amigas dela; elas sabem do que sua namorada gosta. Sapatos também são sempre bem-vindos. Pode parecer que um par de sapatos seja um presente muito específico, pessoal ou prático demais, mas, para a sua namorada, eles são uma fonte inesgotável de satisfação e alegria. Basta verificar a grife preferida e o número que ela usa no armário dela.

Precisa de outras idéias? Um presente sexy em qualquer ocasião é alguma coisa que você já possui: sua camiseta velha e desbotada que ela adora (e que irá vestir em casa sem mais nada embaixo), seu boné preferido ou uma fotografia sua quando era criança. Ela irá adorar um presente que a faça lembrar de você. Em geral, não sugerimos dar utilidades domésticas: liquidificador, aspirador de pó, torradeira, louças etc. E, com certeza, não recomendamos nada parecido com um modelador abdominal. Embora ela possa precisar desses artigos, o que lhes falta de romantismo ultrapassa muito qualquer serventia. Entretanto, se sua namorada for uma mestre-cuca de verdade, que adora cozinhar, então você pode acertar em cheio escolhendo um utensílio bem legal para ela. Aquela batedeira incrível que ela sempre quis ter, numa cor extravagante, ou uma máquina de *capuccino* dariam um ótimo presente. E por falar em utensílios, um brinquedo sexual ou um vibrador podem realmente pôr lenha na fogueira. Se esse tipo de objeto já fizer parte do seu repertório básico, vá além e ofereça a ela um vibrador rotativo sonoro. Porém, lembre-se: esse brinquedo, assim como uma furadeira sem fio, é realmente para você; por isso, o melhor é colocá-lo dentro de uma caixa de chocolates.

Um tamanho só não serve para tudo

O que fazer, então, para encontrar o presente certo para a sua namorada? Lembre-se de que a melhor escolha não é necessariamente a mais cara. Se você ouvir a alegria das mulheres quando recebem presentes que adoram, descobrirá que elas se impressionam mais com sua criatividade e preocupação do que com o preço. A chave para o sucesso é escolher para a sua namorada um presente que reflita a personalidade dela, um que transmita a seguinte mensagem: "Eu sei quem você é, o que gosta e, acima de tudo, eu ouço você".

• **Quais são os sonhos dela?** Ela tem uma fantasia secreta de ser uma estrela de *rock*? Compre-lhe uma guitarra (lojas de instrumentos usados são uma ótima opção) e uma *lingerie* preta bem bonita para ela usar junto.

• **Ela gosta de ler?** Se sua namorada for uma leitora ávida, você poderá encontrar boas sugestões na seção de livros em jornais e revistas. Se você já souber que algum título ou tema interessa a ela, uma visita a uma boa livraria resolverá o problema. Outra opção é presenteá-la com uma assinatura da revista preferida dela.

• **Ela gosta de flores?** Que tal aquelas que irão lembrá-la dos seus primeiros encontros? Ela adora lilases? Ela curte ter flores que encham a casa de perfume ou ela prefere um vaso de ervas aromáticas para pôr na janela?

• **Ela gosta de rir?** Eis algumas idéias: faça um bonito pacote com a coleção de alguma temporada de um seriado de humor de que ela mais goste ou encene sua própria interpretação de *O Lago do Cisne*. O saiote é opcional.

• **Ela gosta de se cuidar?** Você não vai errar ao lhe presentear com um vale-*spa*, que inclua manicure, pedicure e tratamento facial. Quando você paga para ela se cuidar, você se transforma na hora no tipo "paizinho querido".

• **Ela gosta de couro?** Não daquele tipo! Escolha um lindo porta-moedas ou uma carteira.

• **Ela é louca por grifes?** É verdade que Prada e Gucci estão fora do alcance da maioria das pessoas, mas há alternativas mais acessíveis. Procure descobrir aquelas que mais agradam à sua namorada e que caibam no seu bolso.

• **Recordações são uma ótima pedida.** Vocês estão juntos há algum tempo? Conhecemos um rapaz que acertou em cheio ao presentear a namorada com a caixa de fósforos na qual ela anotou o telefone quando se conheceram, cuidadosamente aninhada em uma caixinha de prata.

Siga esses conselhos e você não precisará correr no último minuto para comprar *lingerie* sem sequer saber o tamanho que ela usa. Entretanto, se você tiver de comprar o presente dela na última hora, preste atenção ao tamanho: nunca compre um número gigante, pois você correrá o risco de ela associar a sua escolha com a maneira como você a enxerga. Será a mesma coisa que chamá-la de gorda! Alguma dúvida? Nenhuma.

Prazer inesperado

Não espere pelo Natal ou pelo aniversário. O presente "surgido do nada" ou "é só porque eu gosto de você" irá fazê-la prender a respiração e até mesmo entregar-lhe o coração. Dê a ela um mimo para dizer-lhe: "Pensei em você". Mais uma vez, não estamos falando em gastar dinheiro. Esses presentes podem ser pequenas lembranças. Embrulhe para presente: um chiclete, um ímã de geladeira, um doce ou a última edição daquela revista de turismo que traz uma matéria sobre a ilha que ela sonha em conhecer. Outras opções incluem: espuma de banho, uma bijuteria, uma boneca de pano.

> *Seja criativo. Invente suas próprias datas comemorativas:*
> - Dia de Dar Graças a Deus Por Não Sermos Primos
> - Dia do Por que Você Gosta de Ver TV Sem Som
> - Dia do Você Gosta de Zanzar pela Minha Casa
> - Dia da Batata Frita com Cerveja
> - Dia do Obrigado por Agüentar o Meu Mau Humor
> - Dia de Ficar o Dia Todo na Cama
> - Dia do Você Fica Linda Naquele Vestido Curto Preto

Perigo claro e iminente: os presentes "nem pense nisso"

• **CDs gravados por você.** Esses não são presentes atraentes. De fato, são um saco. Você pode ter passado quatro horas gravando músicas de suas bandas favoritas, mas sua namorada não vai gostar. Em nenhuma circunstância, nunca dê esse presente no Dia dos Namorados.

- **Presentes de segunda mão.** Sua mãe lhe deu uma caneca com a palavra "CAFEINADO!" e um cachecol listrado de azul e marrom. Sua empresa distribuiu gratuitamente blocos de notas com a marca Prozac impressa no papel. Você tem uma camiseta verde-limão tamanho extragrande em que se lê Conferência Farmacêutica BioPhex 1998. Cuidado com as "Indústrias da Boa Vontade". Nós, namoradas, temos um faro infalível para descobrir presentes de segunda mão; por isso, tome nota: em muitas línguas, "repassar presentes" significa "ex-namorado".
- **Cirurgia plástica.** Se você tiver dinheiro para isso, gaste-o em uma bela viagem e ame o nariz, o bumbum e os seios que ela tem, do jeito que Deus os fez.
- **Alguma coisa que pertenceu à sua ex.** Temos um amigo que presenteou a namorada com uma camisa que ele ganhou da ex. Era uma peça antiga realmente bonita; um achado. Contudo, ela o levou para a casinha do cachorro, e, posteriormente, a camisa encontrou o seu destino no cesto de lixo. (Esta regra também se aplica a qualquer coisa que você tenha comprado para a sua ex, mas não teve a oportunidade de dar. Nós somos capazes de farejar isso também.)
- **Vale-presentes de lojas de ferramentas.** Esse é o presente que ela deve lhe dar. Essa idéia só prova que o velho ditado "dê a ela algo que você gostaria de ganhar" é uma completa besteira.
- **Inscrição nos Vigilantes do Peso.** Se você a inscreveu nesse tipo de programa, está namorando a garota errada. Já dissemos isso antes, mas vale a pena repetir: ame o que está diante de você ou troque de namorada.
- **Dinheiro.** Não é um bom presente, a não ser que você esteja saindo com uma prostituta. Entretanto, se forem 5 mil ou mais, aí sim nós aceitaremos.

Bem-vindo à casinha do cachorro

O presente do tipo "Desculpe, eu sinto muito" exige um pouco mais de atenção. Se você realmente foi um canalha, então é fácil. Estoure seu cartão de crédito e encoste o caminhão de entregas na casa dela. Mas o que fazer se ela está zangada com você e nem é culpa sua? Talvez seja apenas um mal-entendido. Nesse caso, sua vontade é não dar um presente. Por que comer o pão da humilhação se não foi isso o que você pediu e não é o que você merece? Cuidado, agora, esse é um jogo de cartas altas. Existem presentes que dizem: "Vamos esquecer e seguir em frente". O que dizer de flores? Sim, a sugestão é óbvia e simples, mas funciona. Um buquê acompanhado de uma breve nota abranda desentendimentos comuns. Não é uma blusa de seda, que funciona bem em aniversários ou no Natal, nem é uma jóia, que é a admissão absoluta de culpa. As flores representam um gesto e, sim, nesse caso, *é* a intenção que conta.

Bem, depois temos o presente que *coloca* você na casinha do cachorro. Nossa amiga Kate nos contou a história do seu aniversário de 28 anos. O namorado dela, Rob, presenteou-a com dois dias em um *Spa* fantástico. Ela sonhava com máscaras faciais, massagens com óleo perfumado e banhos de lama que a deixariam cinco quilos mais magra e dez graus mais quente na escala da sensualidade. Perfeito, certo? A não ser pelo fato de que no dia do seu aniversário, que caiu num sábado, seu namorado preferiu trabalhar em vez de passar o dia com ela. Péssima jogada, que estragou o presente de aniversário e todo o esforço dele. No momento em que ela poderia estar relaxando nas mãos de ótimos profissionais do rejuvenescimento, ela se sentia abandonada e sozinha, porque Rob preferiu passar o aniversário dela trabalhando.

Nosso conselho para você: esqueça o Spa, tire o dia de folga e fique com ela. Divirta-se. Assista à TV na cama. Saia para passear. Prepare o café-da-manhã para ela. Coloque a calcinha dela na sua cabeça e dance ao som da trilha de Guerra nas Estrelas. Não se trata do valor do presente. Trata-se de um gesto que mostre que você dá valor a ela.

Além disso, se você realmente quiser ser amado, pense no que chamamos de presentes para os dias de chuva. Suportes para livros em estilo antigo, porta-retratos, objetos que você encontra em mercados de pulgas, livros de arte, vasos, almofadas decorativas, colchas: tudo isso traz aconchego. O que falta é um dia chuvoso e você.

O embrulho

Você até pode se considerar o presente de Deus para as mulheres, mas nós ainda queremos presentes. Eis a razão: nós, garotas, falamos para expressar nossos sentimentos (muitas e muitas e muitas vezes). É assim que nos comunicamos, que mostramos o quanto nos importamos, que nos damos a quem amamos. Vocês, rapazes, não se comunicam da mesma maneira, mas nós nos adaptamos bem. Sabemos que não é possível tirar leite de pedra nem ouvir uma resposta longa e detalhada de um macho heterossexual comum. Assim, precisamos olhar para seus sentimentos de outras formas. Por isso, não nos importamos com o preço do presente, mas com a qualidade sem preço da sua atenção.

A intenção é que conta... Exceto se for uma intenção infame

Nossa amiga Brenda enviou e-mails para as amigas pedindo histórias sobre presentes ruins. Sua caixa postal ficou lotada em cinco minutos:

- "O panaca me deu uma pulseira de prata em um estojo de uma grife caríssima. Seria meu primeiro presente daquela grife e eu até tremia ao tentar abrir aquele lindo estojo. Anos depois, descobri que a droga da pulseira não valia nada nem era de grife nenhuma. Como eu soube? Meu pulso ficou verde."
- "Uma vez ganhei um par de velas com formato de peitos. Com quem ele pensou que estava saindo?"
- "George tentou, mas realmente nunca acertou. Este ano, para meu aniversário, ele me comprou um enorme par de brincos com pedras falsas, apesar do fato de que: a) eu nunca uso bijuterias; e b) eu não sou nenhuma perua."
- "Ninguém é pior que meu pai. Minha mãe adoraria ganhar uma bijuteria, mas, nos últimos três anos, ela ganhou:
– raquetes de tênis;
– aulas de tênis;
– um kit de roupas de mergulho (dessa vez, cheguei a acreditar que daria divórcio na certa)."
- "Uma cesta com produtos para banho com uma fragrância cítrica, que é o perfume que eu menos gosto nesse mundo. E nós já estávamos juntos havia três anos."

- "Eu estava saindo com um cara havia um ano e ele me deu um envelope com dinheiro e a explicação: 'Não sabia o que comprar para você'."
- "Você não vai acreditar, mas, no aniversário de namoro, ele me deu o telefone celular que havia ganhado numa promoção da loja quando comprou o dele. Em nosso primeiro Natal, ele me deu uma vara de pescar que, depois, pediu 'emprestada'. Esse tipo de coisa se tornou comum: livros que ele queria ler, materiais de escritório de que ele precisava, aparelho de som de que ele gostava. (Eu ainda uso o aparelho portátil que tinha na oitava série.) No último Natal que passamos juntos, ele me presenteou com algumas aulas de culinária (ele assistiu à metade delas com a mãe dele). Na verdade, eu adorei as aulas e hoje faço jantares deliciosos para o meu novo namorado."

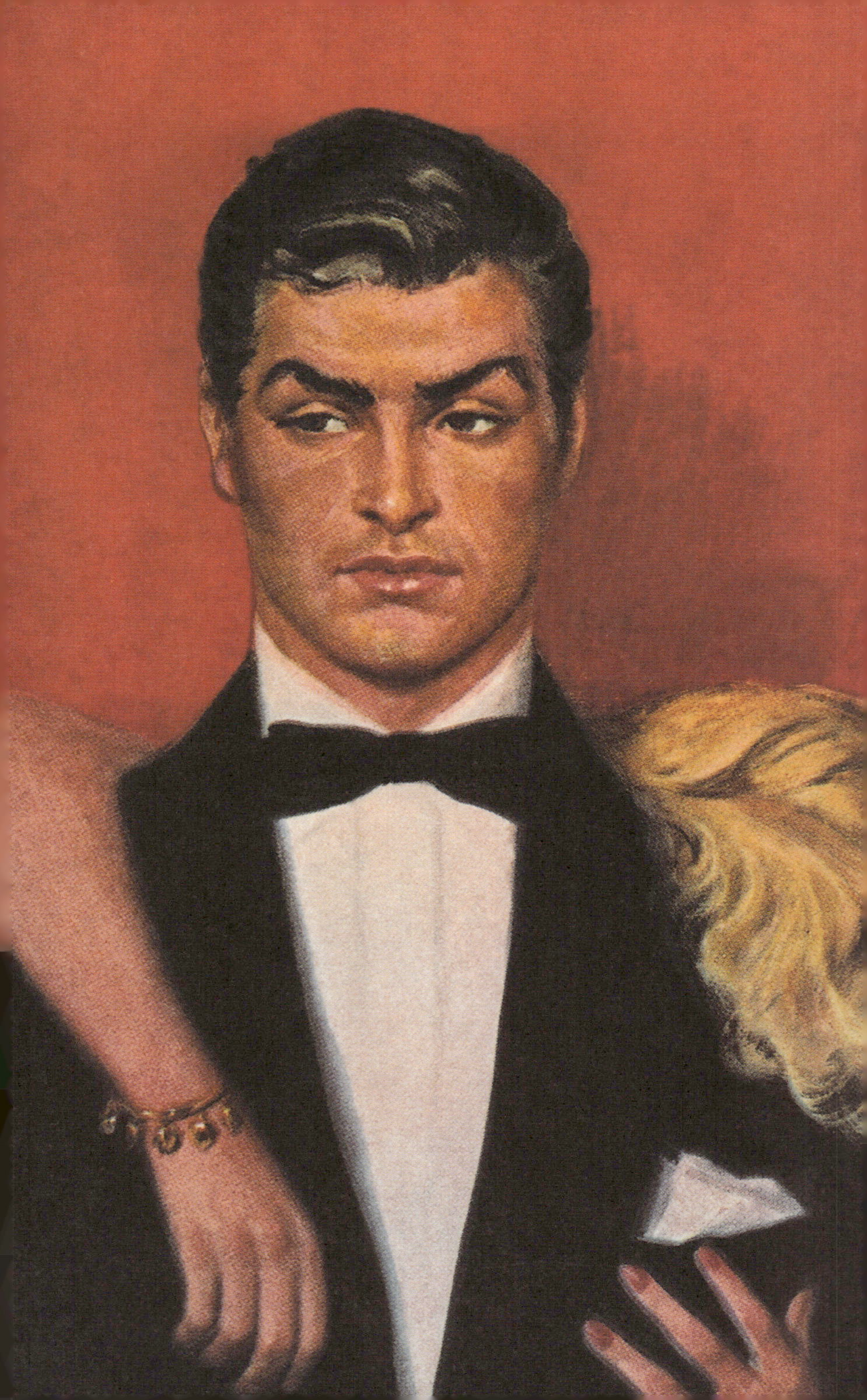

CAPÍTULO 12

A ROUPA FAZ
O HOMEM

Existem muitas coisas sobre as quais não temos certeza neste mundo: É verdade que, antes que o mal cresça, é melhor cortá-lo pela raiz? Você *realmente* é o que come? Se um centavo guardado é, de fato, um centavo ganho, precisamos declará-lo em nosso imposto de renda? Preferimos deixar essas e outras questões imponderáveis aos especialistas (como a faxineira, a nutricionista e o contador), mas há uma coisa sobre a qual não temos qualquer dúvida: a roupa faz o homem.

Sua indumentária mostra ao mundo quem você é. Do ponto de vista da sua namorada, sua roupa mostra ao mundo com quem ela está dormindo; por isso, esteja certo de que ela se importa com a maneira como você se apresenta. Alguns homens são naturalmente elegantes, e uma garota pode acompanhar seu herói. Já outros precisam passar por um teste da roupa, como este: Ela está limpa? Ela serve? Ela é uma peça só? Se você responder sim a pelo menos duas perguntas, estará bem para sair. Mas aí vem sua namorada, sugerindo, arrumando e, às vezes, criticando. É sempre bom receber os conselhos de uma especialista, mas isso pode chegar a um ponto em que você se sente como um namorado-manequim, e quem quer uma coisa dessas?

A questão não é impressionar sua namorada gastando o aluguel de um mês em um par de sapatos; nem é para você virar um narcisista almofadinha. Não importa se você é um gerente financeiro ou um professor de geografia. Estamos aqui para orientá-lo, para que suas roupas não depreciem seu charme e boa aparência, o que irá poupá-lo de se sentir como se estivesse sendo oprimido por sua namorada. Você até pode pensar que ligamos para o tipo de carro que você tem ou para o tamanho do seu, hum... aparelho de TV, e não vamos mentir para você, ligamos mesmo. No entanto, estamos realmente interessadas em um homem que se sinta bem consigo mesmo, que não use uma meia diferente da outra e que não pergunte: "Cheire isso para mim; elas estão limpas?".

> A roupa pode expressar o homem que existe dentro de você, mas se esse homem interior visse você naquele terno de poliéster, ele iria solicitar outro representante.

Necessidades nuas e cruas

Da mesma maneira que você não embrulharia uma jóia maravilhosa em papel pardo para dar a ela, você não iria querer andar por aí com uma roupa íntima que não valorizasse suas preciosidades. Elas merecem coisa melhor.

A roupa de baixo é realmente importante. Assim como o super-homem e sua visão de raio X, as mulheres também têm uma visão sobrenatural, especialmente quando se trata da roupa íntima masculina. Em um salão lotado, somos capazes de identificar os caras que estão usando uma bela cueca *boxer* ou uma cueca *slip* totalmente inadequada. *Slips* – que chamamos de "calcinhas do homem" – são horríveis, e você não deve usá-las. As garotas preferem as cuecas *boxer*. Elas são sensuais e deixam alguma coisa para a imaginação. Além do mais, elas não mostram a configuração do seu material, tudo escondido e assustador, como estranhas criaturas do mar. Confie em nós: não queremos ver como você fica em uma sunga toda vez que tira a calça. E outra coisa: uma *boxer* é mais resistente ao longo do tempo. Uma *slip* velha e puída, de um cinza desbotado e cheia de furos, faz um homem parecer um mendigo.

Se você gosta do suporte que a *slip* oferece e não quer que seus balangandãs fiquem balançando por aí, existem algumas ótimas opções no mercado.

Entretanto, somos tradicionalistas e acreditamos que uma *boxer* clássica é a escolha certa. Se você ainda não estiver convencido, saiba que a visão de um homem adulto numa sunguinha apertadinha puxada acima do seu umbigo nos faz querer chorar.

ESTEJA PREPARADO

A cueca *boxer* é mais adequada que a *slip*. Com ela, os pneus da sua barriga não sobram dos lados, e pernas e cintura ficam muito bem, sem mas nem porém.

Jeans e companhia

Não há nada mais sexy que um homem vestindo um bom jeans e uma camiseta. Tão americano quanto a torta de maçã, usado por *cowboys* e consagrado por estrelas de cinema, o jeans se tornou um estilo de vida, um ícone da moda e um objeto de desejo. Até o Dalai Lama, às vezes, usa jeans. O tipo de jeans que você usa – e a maneira como você o usa – revela muito não apenas sobre seu bumbum, mas também sobre você. Um jeans é capaz de acender sua namorada ou desanimá-la. Como seu *look* mais prático e pronto-para-tudo, provavelmente o jeans é sua primeira escolha. Basta vesti-lo e você está pronto. Porém, não tão rápido, meu caro... Precisamos discutir uma coisinha chamada adequação.

O problema do modismo. Tendências vêm e vão, mas eis aqui uma boa regra básica: se o seu jeans fica logo acima dos quadris, ele está muito baixo. Nós não queremos ver seus pêlos pubianos. Além do mais, qual é a graça de pegar sua carteira no bolso abaixo dos seus joelhos e ter metros e metros de tecido se juntando em volta dos seus pés?

O jeans da mamãe. Se você não compra um jeans há oito anos, está usando o jeans da "mamãe". Garantimos que ele é muito apertado, muito folgado, com a cintura muito alta, com pregas ou muito curto. A visão de um cara em um jeans da "mamãe" é capaz de extinguir permanentemente as chamas de uma paixão. Deixe o jeans da "mamãe" para a sua mãe, e trate de comprar uma calça nova todos os anos.

Armas à vista. Arrancar as mangas da sua camisa social para mostrar as suas armas não cai bem. Se você quiser exibir seus braços (o que aplaudimos), uma camiseta bem justinha é uma solução bem melhor.

Aperto. Evite usar roupas muito apertadas. Se você está um pouco acima do peso, o jeans deve ser um número maior. Lembre-se de que, quando engordamos, todas as partes do corpo se expandem, e não apenas aquela que o jeans esconde. Conhecemos um cara que engordou muito, mas que não se via assim no espelho. Se sua camisa começar a apertar um pouco no pescoço, cuidado. Podemos desculpar o aumento de peso, mas é impossível conversar com um homem que parece estar sendo estrangulado pelo próprio colarinho.

Em bom feitio. Ternos são sensuais; portanto, invista em um traje de boa qualidade. É isso mesmo, embora vocês, rapazes, talvez não acreditem no que dizemos. Ver um homem em um terno bem cortado pode deixar uma garota sem respiração. Não ligamos para as gravatas em si, basta apenas não usar aquelas com estampa de carros de corrida ou de bichos.

Passo firme. Sapatos de má qualidade são como um luminoso piscando FUJA para as namoradas em potencial. Se seus sapatos forem jecas ou estiverem em mau estado, todo o seu cuidado com a roupa e com a aparência irão para o brejo. Não é preciso usar o último grito da moda. Mas se sua idéia de alto estilo se resumir em um par de sapatos ortopédicos, mude de idéia imediatamente.

Uma observação sobre os gorros. Sabemos que eles já estiveram na moda, mas, mesmo em seus dias de auge, os gorros deixavam você com a aparência de um tonto. Os homens pensavam que, usando um gorro, ficariam com a carinha de celebridades, mas, a verdade é que pareciam estar com uma camisinha com a ponta solta no alto da cabeça. Veja só, até Jack Nicholson dobrou a barra do seu gorro para ajustá-lo melhor e evitar o ridículo.

Ele morreu usando botas. Exceto se você for um *cowboy*, não use botas nem, muito menos, chapéu com terno. A não ser que seu trabalho seja laçar e ferrar, fique longe.

> Alguém já descreveu as calças de moletom como o fim da esperança, e nós concordamos. Use-as somente quando você quiser inspirar desespero existencial, para fazer de si mesmo um homem menos.

A roupa na berlinda
O que você vê/O que ela vê

VOCÊ VÊ: Uma camiseta de malha sem mangas. Sexy e muito legal.
ELA VÊ: Uma janela, não para a sua alma, mas direto para os tufos

cabeludos debaixo dos seus braços. É a confirmação de que somente os atletas olímpicos devem usá-la.

VOCÊ VÊ: Um colete típico da Guatemala que você trouxe da sua viagem pela América do Sul, quando foi voluntário de uma ONG. Você é um cidadão do mundo, tem consciência social e usa um colete azul-maravilha que realmente combina com seus olhos.
ELA VÊ: Um refugiado da década de 1970 e um colete que já deveria ter sido desconsiderado de suas opções de vestimenta.

VOCÊ VÊ: Um cara bacana usando roupa de ginástica bem sexy que mostra todas as suas melhores qualidades. Perfeito para pegar umas garotas.
ELA VÊ: O passarinho querendo sair de um *short* curto demais. Prova de que o elastano deveria ser proibido.

VOCÊ VÊ: Sua hilariante camiseta com a mensagem FODA-SE A YOGA impressa na frente.
ELA VÊ: Sua hilariante camiseta com a mensagem FODA-SE A YOGA impressa na frente.

E vamos para a cama

O que usar para dormir? Se você estiver com sua namorada, em geral, ela irá querer que você vá para a cama como nasceu. Há homens que não se sentem bem em dormir como vieram ao mundo; por isso, vestirão uma cueca bem legal (conforme já orientamos anteriormente) e uma camiseta. Tudo bem, mas o pijama de flanela está fora de cogitação. Sua namorada quer dormir com o namorado dela, não com o irmãozinho. Se você vestir uma dessas calças de amarrar e usá-la sem camisa no café-da-manhã, sua namorada irá querer que você volte para a cama. Seja lá o que você usar ou não usar para dormir, trate de evitar protetores auriculares, máscara para os olhos, aparelho contra ronco, meias, a mesma camiseta que usou para se exercitar e pijama de seda, a menos que você seja Al Pacino atuando no clássico do cinema *Scarface*, ou um idoso inválido.

Bem-vestidos ao longo da História

LUÍS XIV: Usou peruca e salto alto, mas as damas ainda assim faziam fila. Como era bom ser o Rei Sol.
TEDDY ROOSEVELT: Foi presidente dos Estados Unidos. Embora de constituição atarracada, era elegante tanto usando terno como traje de safári. Fez dos óculos de John Lennon uma moda décadas antes da Invasão Britânica.
ALBERT EINSTEIN: O homem teve dez namoradas, e se você consegue usar um chapéu achatado, um terno amarfanhado e ainda criar a teoria da relatividade, tudo o que fizer será moda.
JAMES BOND: Sim, ele é uma fantasia; a maneira como Bond usa um simples *smoking* lhe dá verdadeiramente licença para matar.
CAVALEIRO SOLITÁRIO: Esse antigo personagem justiceiro da TV fez da calça branca justa, das luvas com franja e da máscara negra ícones de mistério e de sensualidade. Se seu cavalo atende quando você o chama, alguma coisa certa você está fazendo.
BARACK OBAMA: O senador americano é o Novo Estadista, refinado e elegante. Usa ternos escuros, bem conservadores, e gravatas discretas. Se ele é o que parece ser, esse homem é um campeão.
DAVID LETTERMAN: (O consagrado apresentador da TV norte-americana.) É difícil notar qualquer outra coisa além da falha entre os dentes e da afiada agudeza de espírito, mas como esse entrevistador americano abotoa e desabotoa o paletó e continuamente alisa a gravata, lembramos da frase: "ele é mais sexy do que aparenta". Por isso, ficamos imaginando como seria se fôssemos desabotoadas e alisadas por ele.
URSINHO PUFF: Amamos seu jeitinho carinhoso e meigo, mas não sabemos bem o que pensar sobre a decisão do bichinho de não usar calças.

Os empregados devem lavar as mãos antes de voltar ao trabalho

Bem, agora que já cobrimos a maioria das coisas relativas à sua linda pessoa, o que dizer sobre sua linda pessoa propriamente dita? O que dizer sobre aqueles pêlos no nariz, por exemplo? Você pode pensar que eles acometem somente seu avô, mas, acredite, a desgraça dos indomáveis pêlos do nariz pode acontecer a qualquer um em qualquer época. Como a maioria das mais terríveis desgraças, aqueles que estão mais perto de você são os mais duramente atingidos. É impossível para a sua namorada ouvir o que você está dizendo ou dar-lhe um pouco de amor, quando tudo o que ela vê são aqueles pêlos gritando para fora das suas narinas como adolescentes em show de rock. Se você cuidar desses chatos pêlos do nariz, os morcegos dentro da caverna também não darão trabalho. O mesmo cuidado deve ser dispensado aos seus ouvidos e à parte superior do nariz. (Na verdade, muitas namoradas gostam de se dedicar ao cuidado pessoal e ficariam felizes em ajudá-lo; isso nos atrai tanto quanto estourar espinhas e cravos nas suas costas. Ah, por favor, deixa, vai.) Falando de cravos e espinhas, é preciso examinar a pele bem de perto periodicamente. Alguns homens possuem cravos no rosto que são mais antigos que a própria namorada.

Unhas sujas são admitidas apenas se você acabou de chegar do trabalho, porém, em um programa à noite, elas parecerão puro desleixo. Isso não quer dizer que você deva polir as unhas ou esmaltá-las. Esse é nosso departamento e não gostamos de dividi-lo. Sobrancelhas depiladas também nos horrorizam. Você pode pensar que assim fica menos parecido com um homem das cavernas, mas, de fato, você fica bem parecido com um travesti ou com uma atriz japonesa caracterizada. Evidentemente, é recomendável aparar as sobrancelhas, sobretudo quando estão tão compridas que é possível trançá-las. Só é preciso ter limites.

> **Você nunca estará completamente vestido sem um bom sorriso; por isso, como está o seu?** Muitas vezes, é uma criança que acaba dizendo que seus dentes estão amarelados ou feios. Não leve na brincadeira. Ela apenas diz o que todo mundo está vendo. Por isso, cuide bem dos seus dentes e seu hálito irá melhorar e, com ele, também as suas chances de beijar muito. Uma sugestão é o clareamento dos dentes. Você pode comprar um produto adequado nas drogarias, e eles fazem uma boa diferença. Aproveite e compre também algumas pastilhas de menta, pois se você não tem um hálito doce, então é porque tem um bafo de onça, um hálito de alho ou de café, ou exala aquele cheiro de bebida ou de quem acabou de acordar... A lista não termina aí. É difícil para sua namorada falar sobre isso com você, porque ela não quer ferir seus sentimentos, mas não foi à toa que Deus inventou as pastilhas de menta.

Com relação ao perfume, menos realmente é mais. Não use tanto que faça o cheiro grudar em nossa pele depois de um beijo ou de um abraço. Isso nos faz sentir como se estivéssemos saindo com alguém que se banhou em loção pós-barba. A verdade é que adoramos seu cheiro natural, na maior parte do tempo. Entretanto, às vezes, o odor não é tão bom assim. Não gostamos do seu cheiro misturado com o suor de um dia de trabalho, com aquela transpiração duas horas depois da ginástica, com poluição, fumaça e estresse. Classificamos isso como o "baque do suor", e ele é bem ruim.

E já que estamos falando no assunto, sabemos que é difícil para você lembrar-se de verificar, mas cera no ouvido é bem desagradável. Tenha sempre ao alcance algumas hastes flexíveis para limpar regularmente o excesso de cera, pois, sussurrar segredinhos de amor numa coisa viscosa e amarela, não é nada divertido. Limpe também as remelas dos cantos dos olhos. Todo mundo tem isso, mas queremos ver o azul ou o castanho dos seus olhos sem as casquinhas.

Sabemos que nossas orientações não irão provocar um movimento contra os pêlos de nariz. Velhos hábitos custam a desaparecer; além disso, reconhecemos que sempre existiram homens ao longo da história que, apesar das unhas sujas e de uma caatinga terrível, tiveram uma vida plena e feliz. Contudo, acredite: um pouco de cuidado pessoal nos lugares certos fará muita diferença para sua namorada. Não é que a limpeza esteja próxima da divindade, mas, sem a famosa higiene pessoal, você dormirá sozinho.

> **A mensagem que você pensa que está enviando com sua aparência pode parecer bem diferente por uma perspectiva feminina; o sanduíche de rosbife de uma pessoa é, para uma outra pessoa, um pedaço de carne sangrenta de animal entre duas fatias de pão. Em geral, recomendamos o clássico no lugar da tendência do momento. Simplicidade revela confiança; assim, prefira o simples. Não há nada de que gostemos mais do que um cara que não é um almofadinha e que, sem se importar com o que está vestindo, senta-se na beira da calçada para conversar com sua namorada.**

O hábito faz o monge

O que vamos dizer agora pode até parecer sexista, mas se sua namorada lhe disser: "Você não deve usar isso", provavelmente ela estará certa. Entretanto, se você lhe der espaço, ela vai tomar conta de todo o seu guarda-roupa. "Sim", pensa você, "se eu aceitar os conselhos da minha namorada, terei camisas mais bonitas, sapatos mais bacanas, um corte de cabelo mais moderno e, então, serei um banana bem vestido e bem cuidado". Até que ponto você está disposto a permitir que ela defina seu estilo e sua aparência, antes de dominá-lo por completo? Até onde ela pode chegar antes de castrá-lo? Só você é capaz de responder a essas questões. É ótimo contar com algumas sugestões de uma mulher, mas se você se sentir infeliz com uma calça esporte cor-de-laranja, na verdade, o problema não está na calça, mas no que está dentro dela. Aceite as sugestões da sua namorada até onde você conseguir se olhar no espelho e ainda se reconhecer. Mudar seu guarda-roupa não deve se tornar uma tentativa de mudar sua vida.

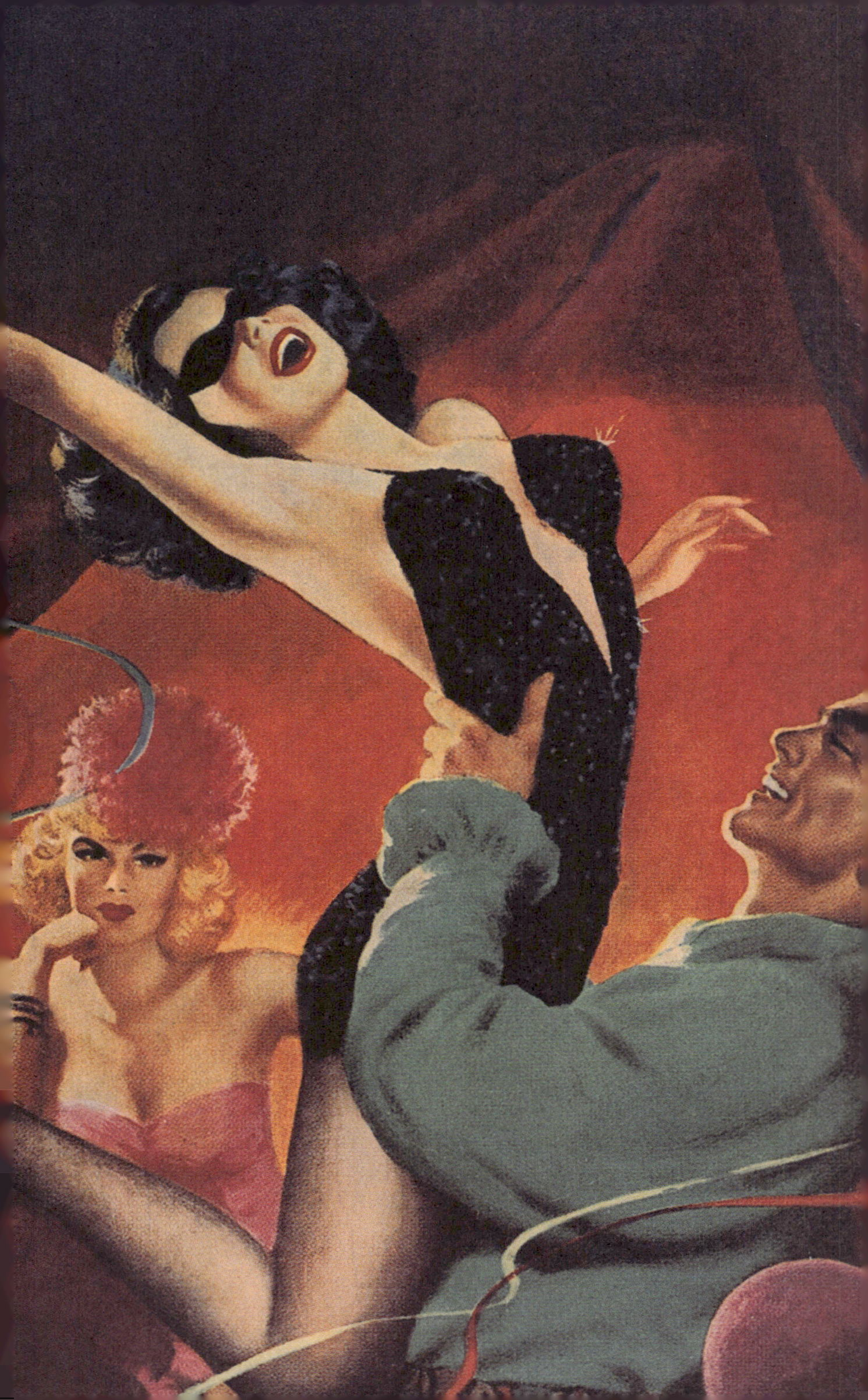

CAPÍTULO 13
PROGRAMA LEGAL

A primeira vez que Joyce conheceu alguém que gostava dela foi quando Eric acertou sua cabeça com uma bola de futebol na terceira série. Doeu demais, mas, por dentro, ela estava encantada. Não só Eric realmente *gostava* dela, como ele praticamente se declarou diante de toda a escola. Afinal, jogar uma bola assim tão forte e na frente de todo mundo no pátio foi, para um garoto de 8 anos, como o ator Tom Cruise proclamar sua paixão diante de uma platéia de um programa de TV em horário nobre. Enquanto Joyce era atendida na enfermaria da escola, ela percebeu que sua vida havia acabado de mudar.

Com o passar do tempo, as paqueras na escola começaram a mudar. Quando um menino gostava de Joyce, ele telefonava para ela e, assim, passavam horas conversando. Além disso, quando Joyce gostava de um menino, ela lhe mandava um bilhete por intermédio de uma amiga. Uma vez, sentindo-se extremamente confiante, ela escreveu um bilhete para Bobby com as seguintes opções para ele assinalar:

"Você gosta de mim?"
- Muito
- Um pouco
- Mais ou menos

Quando o bilhete voltou para ela, o coração de Joyce deu um pulo. Bobby havia marcado a primeira opção. Duas vezes. Ela estava nas nuvens... quer dizer, até o dia seguinte na lanchonete, quando ele a ignorou completamente. Então, ela ficou arrasada.

No ensino médio, foi um alívio. Nada mais de puxões no cabelo, nada mais de boladas na cabeça, nada mais de caras viradas. Quando um rapaz gostava de Joyce, ele conversava, flertava e, às vezes, até a convidava para sair. Havia cinema, havia pizza e havia o indispensável beijo e a mão-boba. Além disso, não importava o quanto esses encontros eram apaixonados, quando Joyce via seu namoradinho na escola no dia seguinte, seu querido Romeu havia misteriosamente se transformado em um garoto idiota com um buço malformado e fazendo caretas de desaprovação. Assim, logo cedo, Joyce aprendeu que, para um namorado, uma coisa é gostar de uma garota e outra coisa é assumir esse sentimento em público. Também sua namorada aprendeu a mesma lição, e é por isso que sua *persona* pública será examinada, e com muito cuidado. Você seria capaz de culpá-la por isso?

Saindo com ela

Quando você está em casa, é fácil tratar sua namorada como se ela fosse a única mulher presente; a propósito, ela é. Porém, quando você está fora, na cidade, muitas outras coisas competem pela sua atenção: seu melhor amigo, o futebol e os incríveis peitos que passam na sua frente. O mundo está observando e, sem dúvida alguma, sua namorada também.

Atitudes falam mais alto que palavras e, para a sua namorada, suas atitudes em público são ensurdecedoras. Estejam vocês na cafeteria, na festa de aniversário ou em qualquer outro lugar, ela vai querer que você seja o mesmo namorado atencioso e gentil que estava tirando a calcinha dela na noite anterior. Ela procura por consistência e cortesia. São essas coisas que contam para a sua namorada. Suavize sua armadura e ela ficará tão entusiasmada que irá extraí-la com um abridor de latas. Entretanto, revele sua indelicadeza sem propósito, e ela irá procurar um outro namorado.

Parece complicado? Não precisa ser. Não pense nisso como outro campo minado comportamental que você tem de atravessar. Pense nisso como uma maneira de marcar muitos pontos com um mínimo de esforço. Vamos lá, é fácil. Um pequeno gesto feito em público – segurar uma porta, levantar-se quando ela retornar à mesa – terá um enorme efeito. Trate-a bem em um ambiente repleto de gente e observe os olhos dela brilharem.

Ela está comigo

Todos nós conhecemos o tipo: um homem que sai com uma garota várias vezes, mas nunca parece estar de fato com ela. Ele mantém certa distância, raramente a toca (até chegarem em casa) e nunca, mas nunca mesmo, refere-se a si mesmo como o namorado dela. É uma tentativa equivocada de jogar nos dois lados do campo. Como um corretor de imóveis que afixa uma placa de VENDE-SE em uma casa que está fora do mercado, é deselegante, desonesto e não serve para nada. As mulheres não são burras. Sabemos que ele está com ela; portanto, vemos um homem que prefere manter suas opções em aberto. A ironia, é claro, é que quando vemos um homem se derreter por sua namorada, cobrindo-a de atenção e carinho, pensamos: "Se ela desistir, vou dar em cima dele".

Temos um amigo que sempre caminha três passos à frente da namorada, como se ele fosse um rei e ela, a sua serva. Por fim, ela se aborreceu e conversou com ele a respeito, mas ele não viu razão para tanta queixa. Para ele, era apenas um velho hábito, totalmente inconsciente. Entretanto, esse hábito falou bem alto para a sua namorada. Para ela, é como se ele tivesse uma placa na testa em que se podia ler: EU NÃO ESTOU COM ELA. Como muitas outras mulheres, ela foi extremamente sensível a atitudes que poderiam demonstrar o quanto era valorizada. É esse tipo de coisa que você terá de enfrentar, apesar de elas existirem bem antes de você entrar em cena.

ESTEJA PREPARADO

Quase tudo o que você fizer ou falar pode ser entendido como a expressão do nosso relativo valor no mundo e, mais importante ainda, no seu coração. Não nos orgulhamos disso, mas sabemos que não estamos sozinhas. Não se esqueça: você tem sua própria moeda para lidar com suas questões e, às vezes, quando se trata do mercado da auto-estima, nós podemos dar uma taxa de câmbio bem favorável.

Programa legal
O que ele vê/O que ela vê

A festa de natal do escritório
ELE VÊ: Muitos colegas, bebida grátis e uma oportunidade de confraternizar com o chefe.

ELA VÊ: Muita gente que ela não conhece e um namorado que mal pode esperar para encher a cara de uísque, enquanto ela tem de agüentar o emocionante monólogo do contador sobre a época em que ele era fã de carteirinha da série *Jornada nas Estrelas*. Outra vez.

O jantar com amigos
ELE VÊ: Sua namorada chegando ao jantar. Ele fica feliz em vê-la, mas não pode levantar-se para recebê-la com um beijo, porque não quer ser rude com o amigo que está no meio de uma história.
ELA VÊ: Um namorado que não consegue interromper uma conversa por um momento para recebê-la. Era melhor ter ficado em casa.

Uma noite romântica
ELE VÊ: Um cara que leva a namorada para jantar em um restaurante caro na mesma noite em que a TV transmite a final da Taça Libertadores. Quanto sacrifício, quanta consideração, que amante. (Então, não faz mal dar uma olhadinha no resultado de vez em quando, não é?)
ELA VÊ: Uma garota solitária obrigada a passar uma noite desastrosa com um namorado mal-humorado e desatento e que corre para terminar logo o jantar.

O lado bom de toda essa história é que não custa muito fazer sua namorada se sentir cuidada e valorizada. Nossa amiga Sara, ao almoçar com o namorado, Rui, ficou preocupada que o serviço vagaroso do restaurante pudesse atrasar seu retorno ao escritório. Rui, então, educadamente, disse ao garçom que eles tinham pouco tempo para o almoço. Ele cuidou do problema sem que ela tivesse de pedir e a impressionou com sua consideração e sua maneira de assumir o problema. Essas pequenas considerações e gentilezas se acumulam como as milhas aéreas de um viajante assíduo: quando tiver acumulado o suficiente, poderá trocá-las por uma passagem de primeira classe, para dentro da calcinha dela. Pode soar simplista, mas é assim que funciona. Quando nos sentimos amadas, valorizadas e bem cuidadas, queremos você.

Aqui não

Na maior parte do tempo, sua namorada se sentirá mais à vontade com manifestações públicas de afeto – MPA – do que você. Nosso colega Daniel uma vez se queixou: "Por que tenho de segurar sua mão e sentar grudado em você nesse táxi tão espaçoso? Posso adorá-la só com os olhos?". A resposta, infelizmente, é "não". A sede da sua namorada por afeição, pública ou privada, é quase insaciável. Com certeza, você irá colocar o braço em volta dela no cinema, segurar a mão dela aqui e ali, mas, em geral, o que é um grande gole para você não passa de uma gota para ela.

Qual é o problema? Por que ela quer dividir seu relacionamento com o mundo inteiro? Difícil dizer. Algumas vezes, ela irá fazê-lo por amor, outras vezes, por insegurança e, às vezes, ela irá querer se exibir: "Olhem o cara legal com quem estou saindo, e olhem como ele me quer". Se esse for o caso, significa que sua namorada pensa que vale a pena exibir você; por isso, considere-se um bem-aventurado. Se, porém, você não se sentir bem com isso, gentilmente estabeleça algumas diretrizes que reconheçam as necessidades dela, mas que também expressem as suas. Explique que abraços na fila do supermercado o deixam sem graça, que os carinhos devem ser reservados para lugares mais íntimos como o sofá, a cama ou o chão da cozinha. O fato é que essa é uma das áreas em que vocês dois terão de se acomodar. Às vezes, você terá de ser carinhoso sem estar disposto para isso, enquanto ela terá de se contentar com um pouco menos do que desejaria.

Como tornar um programa legal

UM GUIA DESTACÁVEL PARA VOCÊ DOBRAR E COLOCAR NA CARTEIRA
- Quando você for a um restaurante ou a uma festa e sua namorada já estiver lá, não se perca na badalação. Mesmo que a tenha visto uma hora antes, procure-a assim que chegar e dê-lhe um grande beijo. É como se você gritasse para todos ouvirem: "É isso aí, gente, eu sou o cara sortudo com quem ela está vivendo", o que se torna uma profecia auto-realizada.
- Inclua sua namorada em suas conversas e histórias, mesmo que ela já as tenha ouvido antes. Olhe para ela ou diga algo como: "Paula sempre acha que eu invento essa parte, mas juro que é verdade!"
- Entretanto, ouça atentamente quando ela contar uma história ou uma piada, mesmo que você já as tenha escutado uma centena de

vezes. Em outras palavras, não olhe para os lados nem desvie sua atenção. Fique ao seu lado enquanto ela fala; coloque o braço em volta dela, ofereça-lhe seu apoio com um "Isso é ótimo" ou "Vocês vão adorar isso". Seu trabalho aqui não é gostar da piada; seu trabalho é dar apoio.
- Jamais se esqueça de apresentar sua namorada. Parece óbvio, mas não é. A propósito, ela irá adorar quando você apresentá-la aos seus amigos e alguém disser algo assim: "Finalmente. Ouvi muitas coisas maravilhosas sobre você, mas estava começando a pensar que ele tinha inventado você em sonho". Portanto, conte a eles algumas coisas que os inspirem a dizer frases como essa e, depois, é só colher os dividendos.
- Sua namorada sabe que, não importa quanto você a ame, sempre haverá outras mulheres para você conferir. Tudo bem. Nós olhamos também. Você é livre para admirar as garotas quando ela não estiver por perto, mas quando vocês dois estiverem juntos, mantenha a cabeça no lugar e não faça isso. Mesmo se a mulher mais bonita aparecer de biquíni, não olhe para ela na frente da sua namorada. Acredite, não vale a pena.
- E, já que falamos em olhar, não se afogue no lago como seu amigo Narciso. Não há nada mais desagradável do que um cara que confere a própria imagem por onde passa: vitrines, retrovisor, colheres etc. Nenhuma garota quer dormir com um homem que pensa que ele é mais bonito e sensual que ela.
- Levantar-se quando sua namorada retorna para a mesa e abrir a porta para ela podem parecer gestos ultrapassados, mas as mulheres adoram. O mesmo se aplica à porta do carro.

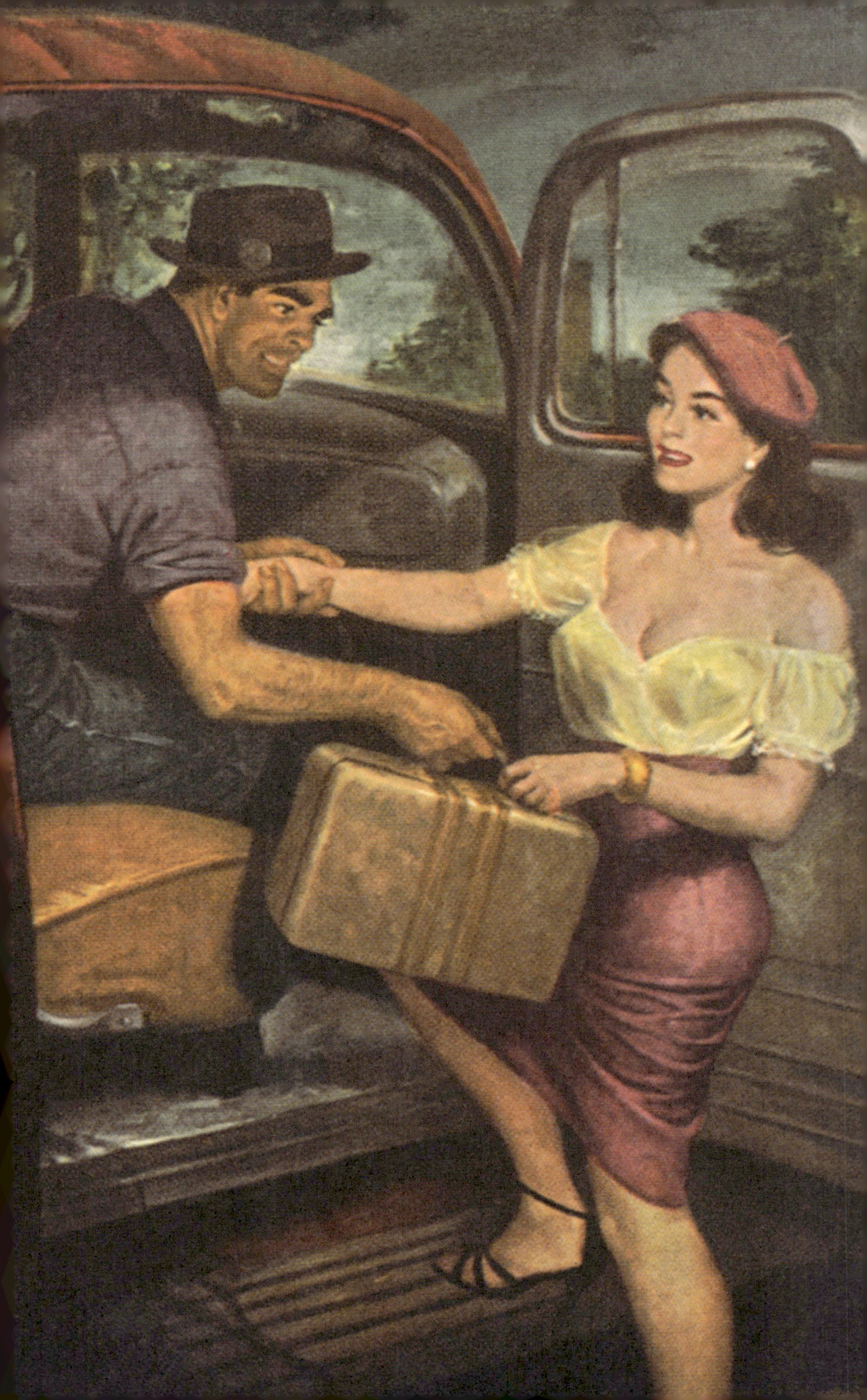

CAPÍTULO 14
REGRAS DE TRÂNSITO

O carro é um mundo em si mesmo. Um meio de transporte, uma maneira de estarmos em público e, ainda assim, completamente sozinhos; o carro pode ser uma terapia, um quarto, um afrodisíaco, um bode expiatório, um modo de dominar, de acalmar, de se zangar, de aparecer, de ficar louco, uma forma de conciliação e de união, um meio de aumentar o pênis, uma vergonha, a extensão do seu verdadeiro ego, a extensão do ego que você detesta, um fardo difícil de carregar, uma promessa que você não consegue realizar, um brinquedo para a criança que existe em você, um refúgio do mundo, uma porcaria que você abomina, uma saída, uma fuga.

Não é de admirar que vocês, homens, amem seus carros.

Provavelmente, sua namorada não dá tanta importância ao seu carro da mesma maneira que você, e ela não quer ser capaz de reconhecer um modelo do carro Karmann-Guia 1966 etc. etc. etc., mesmo se ele for vermelho. Você também nunca vai ficar entusiasmado com uma bolsa italiana, o que também pode nos enlouquecer. Talvez. É provável que você e sua namorada passem muito tempo no carro, e já que cada um tem a própria maneira de dirigir (isso sem falar na manutenção do veículo, na música que ouvirão, no uso do telefone celular e na leitura dos mapas), o automóvel pode ser um incidente só esperando para acontecer. Portanto, preste muita atenção aos sinais de trânsito:

Perigo: Baixo nível de glicose no sangue
Cuidado: Motorista temperamental
Mantenha-se à direita, exceto para reclamar

Prepare-se e coloque o cinto de segurança. Dessa maneira, se você tiver de atravessar um trecho ruim da estrada, ambos têm boas chances de sair inteiros das dificuldades.

Precisa-se de motoristas

De acordo com a rede de televisão britânica BBC, os homens têm mais neurônios que as mulheres. Ninguém sabe exatamente o que esses neurônios a mais fazem, mas após amplas pesquisas sobre o comportamento masculino atrás de um volante, conduzidas em nosso laboratório secreto (também conhecido como o Honda Civic 1995 da Patti), descobrimos que as células cerebrais extras não apenas dão a vocês, homens, a capacidade de atingir bolas rápidas e de estacionar, como também determinam o tipo de motorista que vocês são.

> Para a sua namorada, ficar sozinha com você no seu carro é um programa de casal. (Sejamos honestas: para a sua namorada, escovar os dentes juntos é um programa de casal.) Entretanto, para você, é uma maneira de fazer coisas ou de ir a algum lugar, ou ainda é um precioso tempo para se desligar de tudo. Ela quer ficar junto. Você quer dirigir. Podemos compreender isso. Também sabemos que, às vezes, somos chatas, mas ainda não conseguimos descobrir o que é um programa de casal para vocês, rapazes (exceto o sexo); por isso, vamos continuar insistindo.

- **O agressivo-compulsivo.** Alguns homens parecem tomar um comprimido de testosterona no momento em que assumem o volante. Eles gritam com os outros motoristas, falam palavrões e ameaçam brigar. Para você, essa maneira agressiva de dirigir é tipicamente masculina, mas, para a sua namorada, esse tipo de motorista é alguém que deveria dirigir direto para uma terapia para controlar a raiva. Seja um agressivo-compulsivo o quanto quiser quando estiver sozinho, mas, ao lado da sua namorada, o melhor é tomar um calmante.
- **O atrapalhado.** Esse é o homem que leva a namorada para um passeio de três horas e acaba com o carro quebrado na beira da estrada. Sua namorada precisa sentir que você é capaz de tomar conta de qualquer situação; por isso, antes de sair para um encontro, encha o tanque e verifique o estepe. Se você não souber trocar um pneu, tenha o número de telefone de seu seguro sempre em mãos. Nada faz a libido de uma garota esfriar mais rápido do que ser obrigada a ficar na margem da estrada ao lado de um namorado que não tem um plano de fuga e que não sabe usar uma chave de roda.
- **O maníaco.** Você fica nervoso quando sua namorada come ou derruba alguma coisa dentro do carro? Você pode pensar que é apenas um homem que tem orgulho do que é seu e que cuida muito bem do seu carro, mas, na verdade, você é um Félix, o personagem maníaco por limpeza do filme *Um Estranho Casal* (Gene Saks, EUA, 1968). Para a sua

namorada, o comportamento do tipo Félix significa que você se preocupa mais com o estado do estofamento do que com o conforto e o prazer dela. Isso não é muito lisonjeiro. Por isso, use seus desinfetantes somente depois de deixá-la em casa. (No outro extremo, o tipo Pigpen, o personagem das histórias em quadrinhos do Charlie Brown que está sempre sujo, também é desagradável. Não queremos ter de competir por espaço com embalagens velhas do McDonald's.)

• **O apressadinho.** Se você acredita que velocidade é sinônimo de paixão, talvez também pense que a maneira mais rápida de se chegar até a calcinha da sua namorada é dirigir a 300 quilômetros por hora. Ela, entretanto, está provavelmente muito apreensiva durante o passeio, desejando ter feito um testamento. Então, a não ser que ela diga algo como "Nossa, que máquina!" (sugerindo que você encontrou sua alma gêmea), reduza a velocidade pela metade e guarde os rachas para seus amigos.

• **O cabeça de parafuso.** Esse homem só consegue falar sobre o próprio carro. Nem mesmo a expressão vazia da sua namorada o impede de expor em detalhes o funcionamento de um motor turbinado duplo, de uma tração poderosa, de um coletor de admissão, pneus de competição, bla-bla-blá. Você pode achar que é o cara por dentro do assunto, capaz de montar um Ford com peças de rádio, mas ela o verá como aquele chato da loja de autopeças de quem ela fugia no colégio.

• **O egocêntrico.** Ele considera seu carro como um acessório *fashion*, e, sua namorada, como uma fã ardorosa. Ele vê a si mesmo como uma máquina perfeita dentro de uma máquina perfeita. Sua namorada vê um egoísta pedante que, na melhor das hipóteses, vai matá-la de tédio de tanto praticar seu sorriso de Tom Cruise no espelho retrovisor e, na pior delas, vai usar cada centímetro cúbico sob o teto do carro para compensar cada centímetro cúbico que ele não tem dentro das calças. Se isso lhe soa familiar, nosso único conselho é sair fora dessa.

Sem saída

Você sabe por que Moisés ficou perdido no deserto por quarenta anos? Porque ele não parou para pedir informações. Já ouvimos todas as piadas sobre homens que não pedem orientação para chegar a algum lugar, mas não vamos repeti-las aqui (só essa, que é engraçada). O que vamos fazer é tratar da velha discussão: os homens não pedem informações e as mulheres não conseguem entender por quê. Contudo, acreditamos que essa questão tem sido mal interpretada. Não é que os homens odeiem pedir orientação, é que eles odeiam não serem vistos como competentes e poderosos. Não podemos culpá-los por isso.

Sua namorada vê a questão de uma perspectiva diferente. Ela não pensa que pedir ajuda é sinal de fraqueza; ela também não acredita que dar indicações é sinal de que ela não confia em você. Para ela, isso faz parte da cumplicidade de um relacionamento. Sua namorada quer que você pare para pedir informações porque ela é sua parceira e está oferecendo apoio. Ela não percebe que essa simples sugestão o atinge tão fundo. Isso não é importante para ela; isso é apenas vocês dois juntos traçando seu caminho no mundo com uma pequena ajuda do frentista do posto de gasolina. Sua namorada pode não saber, mas a melhor coisa que ela pode dizer quando você estiver perdido é: "Sei que conseguiremos chegar, querido". Os homens merecem confiança, encorajamento e admiração. A questão não é quanto tempo você leva para encontrar essa ou aquela loja, um barzinho, o que seja. A questão é se a sua namorada – e também o mundo inteiro – pensa em você como um homem capaz. O que ela precisa fazer é lhe dar espaço e tempo para você encontrar o caminho. Dito isso, quando finalmente ficar bem claro que você não tem a menor idéia de onde está, o que você precisa fazer é engolir a situação e abaixar o vidro.

Manutenção alta

Falando em homens capazes e seus carros maravilhosos, temos uma palavrinha sobre manutenção. Veja o caso da nossa amiga Betty, que teve uma conversa franca com o namorado, Jefferson. As queixas dela? Que ele não se importava com ela, nem cuidava das suas necessidades. Por que ele não massageava os pés da namorada depois de um longo dia de trabalho? Por que ele não fazia o jantar? Como ele nunca lhe deu um presente *sem nenhum motivo especial*? Jefferson mal podia acreditar no que ouvia. "Do que está falando?" perguntou ele. "Quem você pensa que troca o óleo do seu carro? Quem verifica o fluido do radiador e o reservatório de água do pára-brisa? Quem verifica os freios? Olhe para mim, querida, porque sou eu."

Quando Betty nos contou essa história, ela falava do namorado zanzando pela garagem em um sábado à tarde, quando os dois deveriam estar no cinema. Quando Jefferson nos contou essa história, ele falava de um sábado à tarde dedicado a cuidar da sua garota e a ser o melhor namorado que ele podia. Ele estava cuidando dela, sendo carinhoso com ela e garantindo a segurança da namorada, fazendo o que ele sabia fazer, embora de uma maneira que ela não conseguia reconhecer. A maneira como você se doa é tão estranha que, às vezes, não percebemos o esforço. Já dissemos isso antes, e vamos repetir: a realidade é relativa. O trabalho duro de um homem é a tarde sem amor de uma mulher.

Os co-pilotos

Você não precisa gostar do modo como ela dirige para amá-la, assim como ela não precisa gostar da sua horrível calça vermelha para amá-lo (ver o capítulo sobre roupas). Mais uma vez, aqui também você tem uma escolha. Você tanto pode corrigi-la assim que ela soltar a embreagem devagar demais ou fazer novamente uma conversão errada, como pode relaxar e aproveitar o passeio, ainda que demore um pouco mais para chegar. Às vezes, estar certo não é tão importante quanto ser gentil.

Agora, se você não se sente seguro, então o assunto é bem diferente. Como dizer a ela para diminuir a velocidade sem parecer um gatinho assustado? Fique longe de frases como essas: "Você está me deixando nervoso" ou "O que está tentando fazer? Quer nos matar?" ou, ainda, "Qual é a droga do seu problema?". E prefira comentários como os seguintes: "O homicídio é um objetivo de vida?" ou "Este carro está registrado como arma mortal?" ou, ainda, "Gosto da idéia de morrer com duas toneladas de metal retorcido em cima das minhas pernas já sem vida". Com alguma sorte, ela entenderá o recado e reduzirá a velocidade, e você viverá para celebrar seu próximo aniversário. E ouça, amigo: seja esperto. Se não consegue agüentar outra pessoa dirigindo além de você mesmo, assuma o volante e deixe sua namorada reclamar de você.

O que, com certeza, ela fará.

Às vezes, ser um co-piloto é tão irresistível para uma mulher como conversar com o namorado quando ele está ao telefone falando com outra pessoa. Você sabe o que queremos dizer. Você está tentando manter a conversa e ela fica se intrometendo: "Você disse a eles que compramos a sobremesa? O que é tão engraçado? Agradeça-os pelo jantar. Você disse que levaremos alguns amigos?". Esse tipo de falante em segundo plano é o mesmo tipo de namorada que não consegue resistir a "ajudar" o namorado "a pegar a faixa certa", "a reduzir a velocidade antes da curva" ou "a lembrar de que a estrada é mais rápida aos domingos". Falante em segundo plano é sinônimo de co-piloto.

A co-pilotagem consiste em corrigir, criticar e reclamar. Se qualquer um de vocês sentir o impulso de se entregar a esses hábitos, controle-se rápido. Se puder fazer isso por apenas cinco minutos, está ótimo; amanhã você poderá aumentar para dez minutos. Então, talvez, você possa ter paz para divagar ou para planejar uma reunião de negócios, e ela irá interpretar o silêncio como um tempo juntos cheio de significado. Se ela perguntar em que você está pensando, dê-lhe a resposta clássica que serve para tudo: "Estava pensando em você, querida. Apenas pensando em você". Em seguida, volte ao seu precioso silêncio.

Ombros macios e curvas perigosas

O telefone celular no carro. Costumávamos pensar que o modo de espera era a única forma de ser descortês com duas pessoas ao mesmo tempo, mas falar ao celular enquanto você dirige ao lado da sua carametade tem o mesmo efeito. Entendemos que o carro faz as vezes de um escritório e de uma sala de estar, e que é um ótimo lugar para atender o celular. Porém, ele pode provocar muitas brigas, porque a pessoa que chama não percebe que a passageira ao seu lado se sente ignorada. Corrigir essa atitude não é fácil se você for um viciado em telefone celular, mas a regra é bem simples: se estiver com sua namorada, desligue o celular. Entretanto, se for absolutamente necessário fazer ou atender uma chamada, abra o jogo com a passageira.

A música no carro. O que você ouve e como? Muitos namorados gostam de ouvir música bem alta no carro. É possível que sua namorada também prefira um som alto, mas não no nível ensurdecedor masculino. Talvez ela goste de ouvir certos programas de entrevista no rádio, enquanto você prefere fazer um tratamento de canal. Por sua vez, você gosta de *rap*, enquanto ela prefere fazer um exame ginecológico. A única solução para tamanha diferença de gosto é dividir.

O sexo no carro. Só de ler, você já fica animado, não? Contudo, também é um pouco desconfortável. Basicamente, se você tem menos de 25 anos, pode fazer sexo no carro sem problemas. Será sexy, exceto quando:
- O seu carro for um compacto.
- For uma necessidade porque você ainda mora com sua mãe e o seu carro é o único lugar para isso. Se não tiver nenhum outro lugar para ir, pague um motel.

Após os 25 anos, o sexo no carro deve ser o resultado de uma ocasião especial ou de um impulso, ou quando você:
- Estiver se sentindo particularmente flexível.
- Houver tomado Viagra e estiver tentando aproveitar aquelas legendárias quatro horas de ereção.

Se você tiver um carro tipo *van*, não pense que poderá usá-la para isso o tempo todo. Na melhor das hipóteses, você parecerá um libertino ou, na pior, um completo pervertido.

Carteira de motorista

Algumas das suas melhores transas acontecerão no carro; algumas das suas piores brigas também. Não sabemos por que, mas algumas das suas conversas mais importantes também acontecerão nesse lugar. Você sabe, às vezes, quando você dirige ao voltar para casa, desliga o motor e fica no carro conversando mais uma hora. É incrível saber quantas declarações de amor já foram feitas em um carro, quantas decisões de morar juntos foram ali tomadas ou quantos rompimentos; quantas dessas longas conversas levaram à conclusão de que ela é irremediavelmente louca ou que ele é um canalha incurável. Uma boa parte da sua vida acontece dentro de um carro. Vital e pedante. Bom e mau. As sugestões que lhe oferecemos são simples e fáceis. Aceite-as e dirija suavemente.

Dez coisas que você nunca ouvirá sua namorada dizer no carro

1. Quero estar na estrada às 9 horas.
2. O alinhamento não está correto.
3. Escute só esse zumbido no motor.
4. Esta gracinha responde rápido aos comandos.
5. A temperatura está perfeita.
6. O que eu realmente quero é um caminhão.
7. Ouça que grave tem este alto-falante *subwoofer*!
8. Não, não precisamos parar, eu faço xixi em casa.
9. Não preciso do espelho, já retoquei a maquiagem.
10. Podemos ouvir o final do jogo?

Dez coisas que ela nunca ouvirá você dizer no carro

1. Você pode usar o espelho retrovisor para aplicar sua maquiagem, se quiser.
2. Esse aquecedor deixa o carro muito aconchegante.
3. Veja, também há iluminação no espelho do quebra-sol!
4. A regulagem desse banco é extensa?
5. Esses pneus são tão grandes e lindos.
6. Olhe, há bastante espaço para todas as minhas coisas.
7. Conversíveis são muito inseguros.
8. Nunca lavo o meu carro.
9. Estou muito velho para ter um carro esporte.
10. Estou muito feliz que temos esse tempo só para nós.

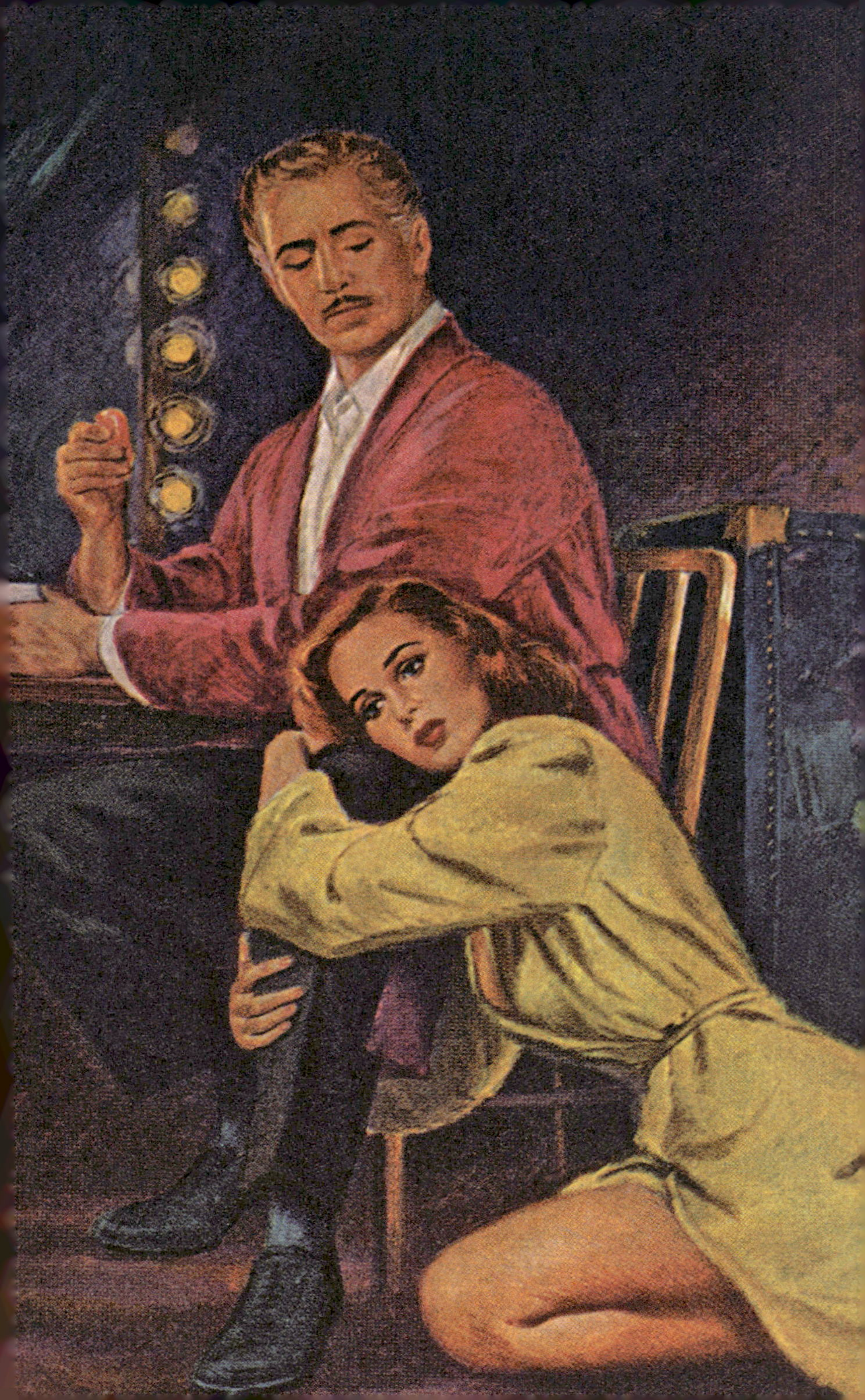

CAPÍTULO 15

EU PRECISO DE UM TEMPO

"Meu namorado disse que precisava de um tempo... então o tranquei do lado de fora de casa. Meu namorado disse que precisava de um tempo... então atirei a coleção completa dos DVDs de *Guerra nas Estrelas* na cabeça dele. Meu namorado disse que precisava de um tempo... então invadi o apartamento dele e roubei seu som estéreo, sua TV de tela plana e seu sofá."

E assim vai.

A idéia de dar um tempo – o tempo dele, o tempo dela, o nosso tempo – pode significar muitas coisas, todas elas relacionadas a distância. A pessoa que pronuncia essas poderosas palavrinhas não está pedindo mais tempo para fazer um lance, está acenando com a possibilidade de um xeque-mate e, mais que isso, está se preparando para iniciar um jogo diferente. Para um homem, dar um tempo pode ser a fronteira final: a chance de viver aventura e emoção, ter de volta a liberdade. Porém, para a sua namorada, pode ser um pretexto para apenas deixá-la um pouco sozinha. Dizer à sua namorada que você precisa de um tempo é como dizer ao super-homem que a criptonita está pronta, e pode provocar os mesmos efeitos destrutivos: desesperança e medo. Pode colocá-la de joelhos. Sempre atenta aos significados ocultos, sua namorada sabe que "eu preciso de um tempo" pode querer dizer qualquer coisa, de "essa é a noite em que saio com os meus amigos" a "nosso relacionamento não está dando certo, e quero a minha liberdade". Ela teme que seu pedido, na verdade, signifique "preciso ir embora, foi muito bom enquanto durou, *adiós, au revoir, goodbye*, não deixe a porta bater ao sair". Sabe por que ela pensa isso? Porque, em geral, é isso mesmo.

GPS – Sistema de Posicionamento de Garotas

"Eu preciso de um tempo." Sua namorada entrará em pânico quando ouvir essas palavras, quase da mesma maneira como você se desespera quando ouve a expressão "calvície masculina".

Relacionamento seminovo

As pessoas adoram rebatizar idéias intoleráveis com uma nomenclatura mais agradável ou polida. A expressão "carros usados" virou "automóveis seminovos". "Desempregado" agora é "disponível no mercado", e "baixo" virou "de pouca extensão vertical". Às vezes, seu plano de fuga é rebatizado como "vou comprar um maço de cigarros e volto já". Sua namorada pode não saber ler a alma masculina fluentemente, mas, ao longo dos anos, ela aprendeu a detectar o verdadeiro significado escondido em uma frase aparentemente inocente. Ela sabe que "eu preciso de um tempo", em geral, significa:

• Eu realmente quero romper nosso namoro, mas não tive coragem de lhe dizer; por isso, vamos dar um tempo e, depois de alguns dias, eu ligo e termino tudo com você pelo telefone mesmo (ou mando um e-mail, se eu for um covarde cafajeste).

• Há uma garota linda no escritório, e eu preciso de um tempo para ver se consigo trocar você por ela.

• Acho você sufocante e abominável, mas sei que esse é um problema meu; por isso não consigo lhe dizer.

• Você é muito legal, eu deveria querer ficar com você, mas não quero; assim, se a gente não se encontrar por um tempo, quem sabe eu não sinta saudade. Se não... foi bom conhecer você.

• Preciso de um tempo para conversar com meus amigos sobre você – para confirmar que você é louca – porque quero dar o fora.

Se você está nessa situação e aquela frase começa a borbulhar no fundo da sua alma ou no fundo das suas calças, pare! Você está:
• Tentando deixá-la do jeito mais fácil.
• Sendo um covarde.
• Procurando evitar um desastre e possíveis ferimentos.
• Todas as alternativas acima.

Sua preocupação, sua precaução e sua covardia só irão dificultar as coisas para a sua namorada. Portanto, por favor, não tente suavizar o choque. Se começar a tratar a sua namorada como se ela fosse a cena de um crime da qual você tem de fugir, ela saberá que algo está errado. (Aliás, todo mundo sabe que você se afasta da cena de um crime; caso

contrário, todo mundo pensará que você é culpado.) Não procure se esquivar. Diga a verdade à sua namorada. Apenas diga:
- "Não quero mais um relacionamento sério."
- "Realmente preciso me afastar por um tempo."
- "Nosso namoro não está dando certo para mim."
- "Todas as alternativas acima."

> ## Desculpas esfarrapadas usadas por namorados de verdade na vida real*
>
> **HUGO:** "Preciso de um tempo, meu irmão está ficando com ciúme".
> **MICHAEL:** "Preciso de um tempo, estou reformando meu apartamento".
> **DOUGLAS:** "Preciso de um tempo, eu só... é que... você sabe... não posso... nada demais".
> **WILL:** "Preciso de um tempo, o trabalho está realmente doido agora".
> **TODOS OS HOMENS:** "Preciso de um tempo, há muita coisa acontecendo na minha vida agora".
>
> *Os nomes são fictícios para proteger a identidade dos inocentes. Não é verdade.

É proibida a entrada de mulheres

Ficamos cientes da sua necessidade de passar mais tempo com seus amigos, assim que você pendura aquela primeira placa de MANTENHA DISTÂNCIA na porta da sua casa. É certo que algumas mulheres não vêem problema algum nesse tipo de coisa. Elas não ficam deprimidas nem tristes, e também não se sentem abandonadas nem mal-amadas. Quanta maturidade. Bem, agora, há o resto de nós.

Sabemos que passar mais tempo com os amigos não é o mesmo que aquele misterioso pedido para dar um tempo. Sabemos que o "tempo só do homem" e "eu preciso de um tempo" são dois animais completamente diferentes e que deveríamos aceitar isso. Entretanto, eis o problema: muitos namorados usam a idéia de passar mais tempo com os amigos como uma desculpa para negligenciar as namoradas. Sua garota é como uma caçadora irredutível procurando por qualquer pista que possa revelar como você realmente se sente. "Será que ele realmente precisa de mais tempo para ele ou está cansado de mim? Será que jogar futebol é assim tão divertido ou ele apenas não quer ficar o domingo de manhã na minha cama?" Por que nós não acreditamos em você? Porque, quando éramos adolescentes, nossos também jovens namorados desmarcavam um encontro, alegando que tinham de fazer lição de casa, treinar basquete ou estudar para as provas de recuperação, mas depois os víamos com outra garota no *shopping*. E eles não estavam fazendo compras.

Mesmo aquelas namoradas que não foram enganadas assim podem sofrer picos de imaturidade e vulnerabilidade. Você pede algum tempo só para você, e ela começa a se preocupar e a achar que a distância o levará a repensar e a concluir que ela não vale a pena, que ela não é tão bonita, nem tão interessante, e por aí vai. Em outras palavras, ela teme que você caia em si. E por que esse é um problema seu? Não, não é. Queremos apenas que você saiba tudo o que vem junto com seu pedido inocente para ter um tempo livre.

Aí está a ironia: quanto mais você se afastar, mais sua namorada irá querer prendê-lo. Entretanto, quanto mais ela enlouquecer com você longe dela, mais você irá desejá-la. É a natureza humana.

Eis aqui o que fazer: você quer passar um tempo só com os amigos? Passe. Não importa se for um tempo indefinido com seus camaradas ou um programa específico: uma noite de pôquer, um jogo de futebol ou um fim de semana na praia com o amigo do peito. Se você precisa dar uma pausa em todo aquele estrogênio, não se sinta culpado. Dê. Isso pode até ser um bom estímulo. Nós também precisamos dar uma pausa na testosterona. Se um *tsunami* de ressentimentos atingi-lo e você for pego por um breve "claro", um ríspido "tudo o que você quiser", lábios trêmulos ou uma garrafa lançada contra a sua cabeça, então está na hora de pegar sua calculadora e fazer as contas da matemática feminina:

> Pedido de tempo para sair com os amigos + insegurança = uma passagem só de ida para Cruz das Almas Sofredoras.

Se esse for o resultado total para ela, procure compensá-la com carinho e apoio. Diga-lhe que você quer vê-la logo e vai ligar assim que você terminar seu jogo, ou sua aula de tricô, ou seu torneio de *bicicross*, ou [coloque a sua atividade aqui].

Entretanto, ela pode ser acometida por uma legítima dor de barriga, que não tem relação com insegurança ou baixa auto-estima, mas com o fato de que você não tem passado tempo suficiente com ela. Se isso acontecer, não cancele seu programa masculino. Apenas reserve tempo para a sua namorada, de maneira que ela saiba que irá encontrá-lo e, assim, possa relaxar.

(É claro que sempre há a possibilidade de você estar mentindo. Você disfarça seu pedido "de dar um tempo" em uma inocente noite do pôquer. Se esse for o caso, veja as orientações acima, porque, na verdade, você quer dar o fora.)

Se nenhuma dessas situações se aplicar ao seu caso e sua namorada ainda se ressentir com sua noite do pôquer, com o jogo de futebol aos domingos ou com a cerveja no bar, peça a ela que leia este capítulo e pegue leve. Explique-lhe que ter um tempo só seu é bom para vocês dois e que ela deveria apoiá-lo nisso, da mesma maneira como você a apóia a ter um tempo só dela.

DE MULHER PARA MULHER
Um conselho para sua namorada!

Se você soltar seu namorado da coleira, talvez a vontade dele de fugir acabe. Se não acontecer, é porque você não o prenderia de nenhum jeito. Deixe-o para o SOS Cão.

Invasão de tempo

Se sua namorada tem mais de 14 anos de idade (e, para o seu próprio bem, esperamos que ela tenha), ela sabe que todo namorado precisa de um tempo só para ele, e toda namorada também, até onde sabemos. Por isso, se você quiser esse tempo, lute por ele. Se você precisa de um tempo sozinho, tome-o. Quando você não quiser passar a noite toda com ela – pois está muito cansado, tem muita coisa para fazer no dia seguinte, precisa de uma pausa, ou simplesmente porque não tem vontade – então, não passe. Lembre-se, porém, de que existe um pedágio nessa estrada. Você tem de recompensá-la com atenção e carinho antes de tomar seu caminho para uma tarde agradável no boliche, uma partida de tênis, um dia no clube divertindo-se com um jogo de palavras, ou seja lá o que for que os homens gostam de fazer. Tome o tempo que precisar e sinta-se bem com isso, porque, acredite, não existe nada pior do que estar com um homem que preferiria estar em outro lugar.

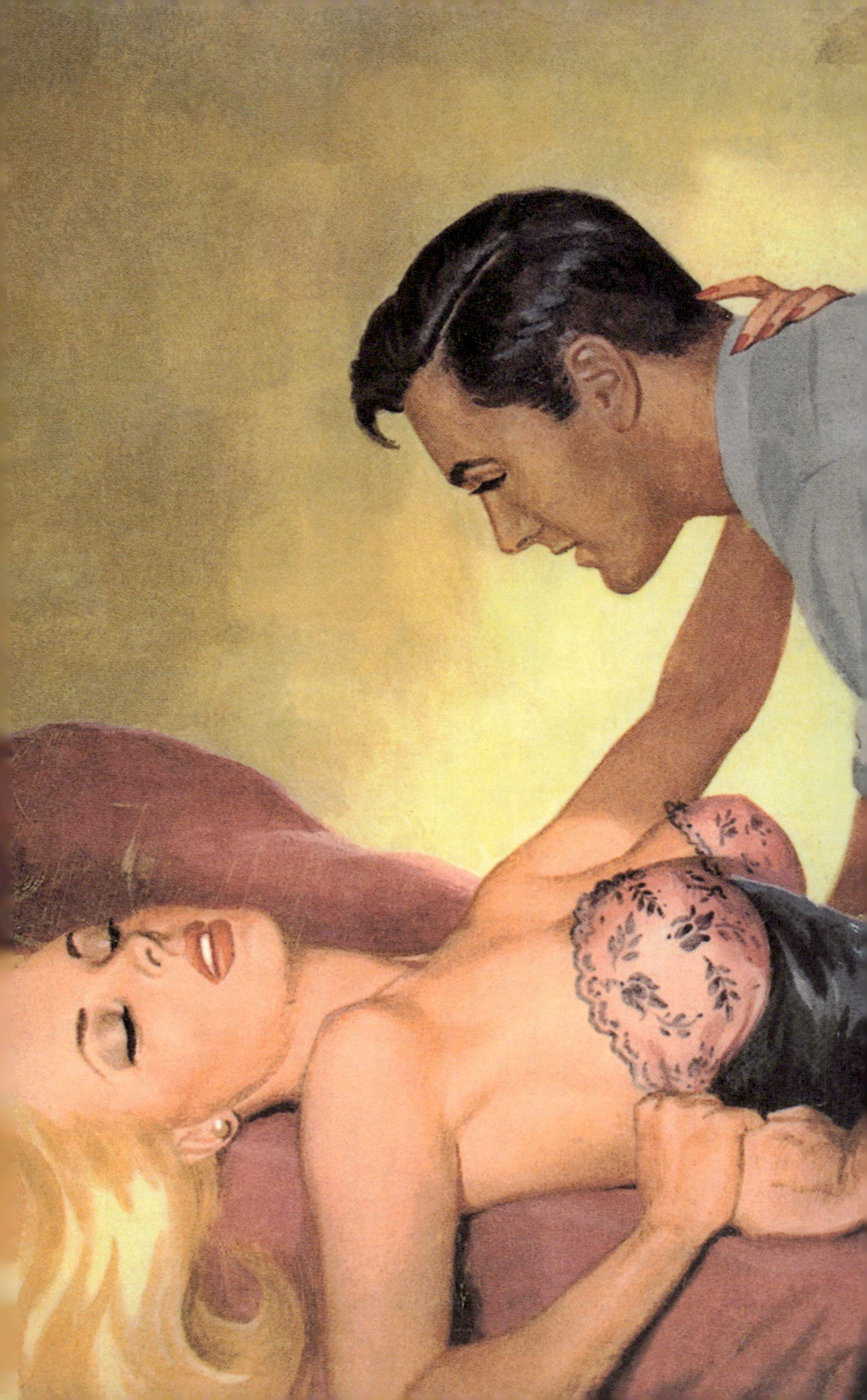

CAPÍTULO 16
O SEXO

Aqui está o capítulo que a maioria dos homens procurou primeiro. Desculpem, mas não há ilustrações. Não aquelas que você gostaria que houvesse. Entretanto, este capítulo tem algo de que você realmente precisa: informações quentes diretamente da fonte. Preste bastante atenção, porque um homem que verdadeiramente abraçar os princípios apresentados neste capítulo terá sua namorada comendo na palma da sua mão. Ou qualquer coisa assim. Fique conosco e nós o ajudaremos a alcançar o paraíso.

Muito bem. Aí vai o primeiro grande segredo. Nem sempre o admitimos, mas, de muitas maneiras, somos simplesmente iguais a você. Gostamos de sexo tanto quanto você. Provavelmente, não pensamos no assunto como todos os homens (em média, vocês pensam em sexo a cada 52 segundos), e, provavelmente, não da mesma maneira, mas pensamos em sexo muito profundamente. Na maioria das vezes, somos tão libidinosas quanto você e nossos pensamentos são tão obscenos quanto o seu. Entre nós, falamos em detalhes sobre nossas preferências e aversões. E, sim, falamos sobre como você é na cama.

Quer saber nosso segundo grande segredo? Somos também completamente diferentes. Isso lhe parece uma contradição? E é. Não estamos dizendo essas coisas só para torturá-lo ou confundi-lo. A questão já é confusa o suficiente sem nossa contribuição. Com certeza, ficamos excitadas com quase todas as mesmas coisas obscenas, libertinas e despudoradas que você. Porém, muitas vezes, essas coisas parecem ser tudo o que você precisa para liberar seu garanhão a todo galope. E é nesse ponto que somos diferentes. Esse tipo de coisa nos anima a ir para as pistas e cavalgar só algumas poucas vezes. Nós precisamos de outras coisas também, nas quais você não pensa porque não foi feito para precisar delas tanto quanto nós.

Para a maioria das mulheres, essas outras coisas são fundamentais. Queremos galopar naquela pista, sincronizar nossas passadas com as suas – queremos tanto quanto você – mas são outras as coisas que nos levam até ali. E, para as mulheres, o que vale é *como* se chega lá.

As outras coisas

Então, quais são essas outras coisas? Não se preocupe. Como sempre, vamos abordar a questão de forma que você possa entender prontamente: a sexualidade de uma mulher é como um sistema de *home theater*. Já se sente um pouco melhor, não é?

Todo sistema de *home theater* vem com o seu próprio manual do usuário, cabos de força e botões para apertar. O mesmo acontece com sua namorada. Infelizmente, ela é mais difícil de instalar e não vem com instruções. Contudo, se você simplesmente parar um instante e estudar os componentes recém-desencaixotados, ali expostos diante de você, perceberá as primeiras pequenas conexões que devem ser feitas. Se nada acontecer, basta perguntar. Você vai ficar surpreso em ver como um sistema de *home theater* pode ser tão comunicativo.

Toda namorada tem sua própria configuração de fábrica, padrões básicos e programação, mas raro é o modelo que tem um dispositivo de sexo-sob-demanda, ou um conveniente botão de avanço rápido que permita que você salte daquele diálogo sentimental e vá direto para a ação explícita. Sua namorada é capaz de armazenar ilimitadas horas de programação; por isso, você precisa considerar a seqüência toda, ou seja, tudo o mais que estiver acontecendo na vida dela. Se ela se mostrar preocupada ou estressada, dê-lhe algum tempo para amenizar as tensões antes de tomar qualquer iniciativa. Melhor ainda: ajude-a a relaxar. Nunca se sabe, mas talvez você tenha a sorte de ter o tipo de namorada que gosta, acima de tudo, de relaxar se entregando.

Antes de ligar sua namorada, você deve saber que a fonte de energia dela está nos sentimentos que a conectam a você. Sem essa intimidade, é provável que ela não esteja disposta a fazer sexo. Muitas namoradas plugam-se à fonte de energia de uma maneira muito particular. E há um dispositivo de segurança: se não utilizada adequadamente, ela irá desligar. Isso não quer dizer que uma rapidinha esteja fora de questão, ou que você tem de conversar após o sexo, ou que o sexo precisa ser sério. Na verdade, ele pode ser louco, devasso e rápido, mas primeiro ela precisa se plugar. Em você.

ESTEJA PREPARADO

As mulheres preferem de trinta a quarenta minutos de preliminares (como qualquer livro de receitas ensina, é melhor pré-aquecer o forno antes de colocar a comida para assar), enquanto os homens ficam satisfeitos com trinta ou quarenta segundos (tempo suficiente para colocar um prato congelado no microondas). Seu convite para voltarmos ao seu apartamento, embora charmoso, não conta nas preliminares.

Um beijo é só um beijo

Não em sua vida. Beijar bem é essencial. Para as mulheres, o poder de excitação do beijo é muito grande. Se você já domina a matéria, parabéns e boa caçada. Se não, é hora de melhorar seu jogo. Confie em nós, você não se arrependerá. As mulheres fofocam anos a fio sobre os namorados que beijam mal.

Beijar é uma forma de arte e, como tal, apresenta muitos estilos e gêneros diferentes: o beijo tipo selinho, o apaixonado, o provocador, o beijo das preliminares e o do pós-sexo, o beijo "mal posso esperar para te ver de novo", o beijo "quero te jogar no chão agora mesmo", e muitos outros. Há beijos para quase todo tipo de ocasião, mas agora vamos nos concentrar no beijo apaixonado ou romântico, aquele que tanto pode ser uma experiência completa, quanto um preâmbulo para algo mais.

Alguns dizem que beijar não se aprende, que é um dom nato, mas não acreditamos nisso. Se você beija bem e está esperando para ser descoberto, siga as seguintes sugestões. Comece com delicadeza. Seus lábios têm o poder de atrair e seduzir. Pense neles como mensageiros, cuja tarefa é transmitir seus sentimentos mais carinhosos. Tudo o que você quiser que ela saiba pode ser transmitido quando seus lábios se encontram. Acaricie os lábios dela com os seus. Isso parece meio bobo? Não parecerá quando você perceber o que isso faz com ela. Finja que você não irá além do beijo. Mostre-lhe que ela tem todo o tempo que quiser. E não se esqueça de gentilmente tocar o rosto dela ou de envolvê-la em seus braços. Após alguns minutos, é a vez da língua fazer a sua entrada.

Com certeza, haverá momentos de paixão em que a língua será o seu número de abertura, mas muitas vezes é preciso um pouco de aquecimento prévio. Portanto, introduza sua língua na boca dela da mesma maneira que você introduz seu corpo em um rio de água gelada: entre bem devagar, nunca pule de uma vez. Embora o beijo de língua possa ser muito bom, não comece fazendo um exame bucal ou ela poderá pensar que está no dentista.

Estas são apenas sugestões. Sua namorada pode sentir tudo isso de maneira completamente diferente. Como você poderá saber? Perguntando a ela. Quando ela responder, seja receptivo. Ela demonstrará claramente quando você fizer a coisa certa. É muito difícil encontrar um cara que beije bem, e é ainda mais difícil deixá-lo. A seguir, relacionamos alguns tipos de beijo que você deve evitar:

- **O são-bernardo.** Sem lábios, só as línguas em contato, saliva para todo lado.
- **O falecido.** É como fazer respiração boca a boca com alguém que se afogou na semana passada: flácido, inerte e totalmente sem cor.
- **O língua de lagarto.** Uma língua comprida e pontiaguda que desliza pela boca inteira como se estivesse procurando por uma mosca. É como ser beijada por um repulsivo diretor de colégio.
- **O boca de peixe.** É como ser beijada por um daqueles peixinhos que você vê com a boca grudada no vidro do aquário no consultório do dentista.
- **O moedor.** Beijar bem não é esfregar seus dentes nos dela. Não.
- **O alho e óleo.** Alguns alimentos podem provocar hálito tóxico. As pastilhas de menta não são apenas confeitos, você sabe.

Fale comigo, querido...

Da mesma maneira que sua namorada lhe diz do que gosta e do que não gosta, você tem o direito e a obrigação de contar a ela suas preferências. Isso vale para tudo, de chupadas e massagens nas costas ao café com leite. Nós gostamos de receber essas informações, especialmente se são oferecidas de um jeito carinhoso. Ao explicar a ela do que você gosta, não mencione o nome da mulher que o fez delirar. Se ela o pressionar, responda algo como "foi há tanto tempo, amor, que nem me lembro mais". Ela saberá que é mentira, mas o perdoará. Veja bem, é possível que ela seja segura o bastante para que esse tipo de revelação não volte a assombrá-lo, mas até que você tenha certeza, por que correr o risco?

Zonas erógenas femininas

Você se importa com ela e deseja lhe dar prazer. A melhor maneira para isso é se tornar um especialista no corpo feminino. Assim, aqui estão as zonas erógenas da sua namorada (as áreas que mais a deixam excitada), listadas em ordem de importância:

O cérebro. Ouça bem. Nada estimula mais as mulheres do que a conversa, a maneira como fala conosco, seu jeito de ser engraçado ou charmoso e aqueles raros momentos em que você percebe, de verdade, o que queremos e do que precisamos. Escute realmente o que dizemos e você terá uma noite de arrasar. O cérebro da sua namorada é a zona erógena feminina mais importante. Todas as demais estão em um distante segundo lugar.

Os ouvidos. Eis um ponto fraco. Falar ao pé do ouvido pode ser uma estratégia bem eficiente. Um suave sopro no ouvido também é ótimo. Experimente sussurrar palavras sensuais. Lamber também é bom, mas se ela balançar a cabeça para tirar a água do ouvido como se fosse uma nadadora, talvez você esteja entusiasmado demais. Mordiscar o lóbulo da orelha pode ser prazeroso, mas dê uma de Mike Tyson e a vingança será instantânea e bem desagradável.

O pescoço. Essa área é muito importante. Use os dedos e a língua. Mordiscadas são ótimas, sobretudo na nuca, sob o cabelo. Uma chupada é legal. Duas, definitivamente, é demais.

Seios. Pensou que eles estavam no topo da lista, não pensou? Pois não estão. Não os aperte com tanta força. Eles não são como as tetas de uma vaca, pelo amor de Deus. Eles são seios, e, como nós mesmas, eles querem ser acariciados, apreciados e adorados, embora alguns babacas deseducados os tratem como se fossem um rádio antigo, girando e puxando os botões. Sim, sabemos que eles despertam em você grande fascinação, mas não se esqueça de que eles realmente estão presos ao nosso corpo. A sensibilidade dos mamilos varia enormemente; portanto, vá devagar e preste muita atenção às reações da sua namorada. Algumas garotas têm mamilos que poderiam agüentar uma lixadeira elétrica quase sem se abalar. (Você está impressionado com a referência a essa ferramenta, não está?) Com outras, uma suave brisa é quase mais do que poderiam suportar. E já que falamos no assunto, você adora seios grandes? Pois, adivinhe só. Em geral, os menores são mais sensíveis. E já que falamos no assunto, se nosso sutiã transborda ou está meio vazio (seja pelos desígnios do Bom Deus ou do Bom Cirurgião), faça-nos pensar que é justamente o que você prefere. Sabemos que você não está dizendo a verdade, mas, com certeza, nós o perdoaremos.

Pontos secretos. Toda mulher tem um ponto erótico secreto. Ele pode parecer estranho ou desimportante, mas encontre o ponto certo na garota certa no momento certo e você será enormemente recompensado. Os nossos pontos favoritos incluem a parte interior do antebraço, as costas, a parte posterior do joelho, os pés – em cima e em baixo – o bumbum... as bochechas são ótimas, e... bem, use a sua perspicácia. Ao explorar todos esses pontos na sua namorada, observe se o toque causa arrepios. Eles geralmente indicam que você está fazendo alguma coisa certa. O que mais? Ah, querido... as pernas, principalmente quando elas acabaram de ser depiladas. Acaricie a pele suavemente. Quanto mais delicado o toque, mais deliciosa a sensação.

Veja, estamos destrinchando o assunto para você, mas a verdade é que não existe uma fórmula mágica para acender sua namorada. Gostaríamos que fosse simples assim: "Beije-lhe o tórax e ela será sua". Diferentemente de você, as mulheres respondem às coisas como um todo: a sedução tem de ser completa. O que mais a estimula é quando você lida com o pacote todo.

E por falar em pacotes, quando queremos você, queremos seu corpo e sua alma. Não apenas o "senhor viril".

O clitóris: manual do usuário

Finalmente chegamos ao templo sagrado. É isso mesmo, estamos falando sobre a eterna estrela... o clitóris. Você já ouviu falar dele, já leu sobre ele, até já chegou a ver um. Agora, preste muita atenção. O clitóris é um enigma. Com isso, queremos dizer que não existe uma única solução. Estabelecer uma relação de amor com o clitóris de uma mulher será sua prova de fogo. Isso porque, assim como os seus primos mamilos, o clitóris é um pouco diferente em cada garota.

Perguntas freqüentes
Onde fica essa coisa? Boa pergunta. Algumas pessoas têm dificuldade de encontrá-lo, embora, para sermos honestas, não entendemos bem por quê. No local em que os grandes lábios formam um V, bem na frente da vagina, o clitóris é uma pequena saliência que pode ser encontrada sob essa dobra de pele sensível e macia. Às vezes, ele está visível, mas nem sempre. Em geral, é coberto por uma pele cor-de-rosa chamada capuz. Seja gentil, ele é seu amigo.

Agora que sei onde encontrá-lo, o que devo fazer? É agora que o trabalho de desvendar o enigma começa. O que funciona para uma mulher poderá desagradar a outra. Aqui está uma estratégia básica para você se comportar no primeiro encontro com um clitóris: pense nele como se fosse uma garota bonita que acabou de se mudar para a vizinhança. O homem que corre até a porta dela, em geral, não chega a lugar nenhum. O melhor é caminhar devagar, dar umas voltas. Circundar a casa. Então, sair. Retorne mais tarde. Bem devagar. Faça-a saber que você está nas redondezas. Quando ela começar a pensar que você não está interessado, apresente-se. Porém, não diretamente a ela. Dedique um tempo conhecendo os seus vizinhos. Fique por perto e, quando sentir o momento certo, envie-lhe mensagens através de intermediários labiais. Se ela quiser um contato direto, ela lhe mostrará. E, ao fazer um contato direto, fique alerta. Se for demais, ela se afastará um pouco ou irá inspirar um pouco de ar. Não tenha medo de se mostrar aqui; às vezes, os sons que ela faz e que significam "Por favor, não me toque aí ainda" são incrivelmente semelhantes aos sons que significam "Não pare ou vou arrancar suas orelhas".

Algumas vezes, ela o guiará gentilmente até a área em que ela deseja ser tocada. Com freqüência, um dos lados do poderoso botão é mais sensível que o outro. Isso varia de mulher para mulher e, às vezes, de semana para semana com a mesma mulher. E o que você vai fazer? Ela pode pedir, puxar ou suspirar para indicar o que deseja de diferente. Pense nisso como se fosse uma nova fronteira em um terreno conhecido.

Levando-a ao paraíso. Quando estiver chegando à terra prometida, ela ficará muito concentrada e intensa; seu corpo poderá estremecer ou endurecer, principalmente os músculos da região desejada. Nesse momento, não mude o que está fazendo nem seja criativo. Fique firme e leve-a ao paraíso. Seja paciente. É possível que ela permaneça nesse ponto, nadando como louca para pegar a onda, o que pode parecer alguns minutos intermináveis. Insista. Valerá a pena ter esperado.

Após sua namorada exclamar "Aleluia", não pare de ministrar os serviços imediatamente. Ela poderá ficar ultra-sensível após o orgasmo, mas continue até que ela o faça parar. Muitas vezes, ela precisará de um terno momento, embora breve, para relaxar. Muitos homens têm o impulso de interromper a conexão abruptamente, mas se você conseguir controlar esse impulso e conduzi-la de volta à terra firme com um toque carinhoso, ela ficará cheia de graça. E quem sabe?... Você receberá uma retribuição inesperada.

O ponto G

Para algumas mulheres, esse ponto mágico é tão fácil de localizar como o bairro em que você cresceu. Para outras, é tão difícil de encontrar como a cidade perdida de Atlântida. Entretanto, o ponto G realmente existe, e vale a pena você se familiarizar com ele. Se sua namorada souber onde ele está, faça com que ela lhe mostre o caminho. Entretanto, se ela não souber, então vocês dois precisam empreender uma viagem de exploração a regiões desconhecidas. Isso pode parecer um tanto embaraçoso ou muito trabalhoso, mas o esforço valerá a pena, porque o "G" de "ponto de G" quer dizer GOSTOSO demais.

Parece mais difícil que cálculo. E é, mas os homens que estudaram cálculo são muito bem recompensados hoje. E você também será. Se precisar de aulas extras, observe sua namorada se masturbar. Você verá que ela, provavelmente, estimula seu pequeno amigo esfregando a pele ao redor. Quando for sua vez, preste muita atenção à respiração dela e aos sons que ela faz. Assim, você saberá como está se saindo. Ela ficará feliz com seu esforço e o ajudará. Desse modo, os dois saem ganhando.

O tamanho do seu barco

Deus do céu, quanta obsessão existe em torno desse assunto. Sim, é verdade, algumas garotas realmente preferem os iates maiores, mas o fato é que, a maioria das mulheres não liga muito para isso. Contanto que você tenha um barco que flutue e que a sua namorada seja uma passageira exclusiva, então ela encontrará uma maneira para tudo dar certo. Na verdade, há mulheres que dão preferência a uma canoa em vez de uma comprida lancha a motor, por razões de conforto, e também porque o capitão da canoa investe mais tempo e esforço para desenvolver suas habilidades como piloto, quer dizer, para navegar no oceano. A propósito, se você for como um desses marinheiros que sucumbiram à tentação de dar um nome em homenagem à sua embarcação, talvez seja melhor repensar o assunto, pois se o relacionamento não der certo, você não correrá o risco de entrar em um bar e ser cumprimentado com um "Ora, se não é o senhor mastromaravilha!".

Sopa de letrinhas

O que vem a seguir é um legítimo bufê de pratos picantes que invariavelmente mexem com sua cabeça.

Sexo oral

Dando. Sabemos que alguns homens evitam as partes baixas da namorada, mas acreditamos que isso é falta de confiança. Essa pode ser uma experiência prazerosa para o casal, ou, simplesmente, uma maneira sublime de levar a sua namorada a um estado em que ela irá lhe implorar para consumar o ato. É certo que irá gostar do seu contato com a parte mais íntima do corpo dela, e irá demonstrá-lo na parte mais íntima do seu corpo. Como técnica, sugerimos a leitura da seção sobre o clitóris. Agora, leia-a mais uma vez.

Recebendo. Puxa, o que dizer aqui? A maioria dos homens parece gostar de receber sexo oral, mas, como você deve ter imaginado agora, nós simplesmente não estamos motivadas para normalmente ter prazer nesse tipo de relação, fora de um contexto de intimidade e de paixão. Isso não significa que uma ocasional chupada enquanto você dirige está fora de questão, mas fazer sexo oral enquanto você assiste ao final do campeonato de futebol está. Diga-lhe do que você gosta, mas não empurre a cabeça dela. NUNCA. Se você tem a sorte de ter encontrado uma dessas raras mulheres que nasceram sem o reflexo da garganta, nossos parabéns, você ganhou na loteria. Porém, a maioria das mulheres tem e, por isso, empurrar a cabeça da sua namorada contra você pode acioná-lo. E que calamidade isso provoca. Sabemos que acidentes, como dentadas, são um problema real, e procuramos evitá-los a todo custo, mas, se dermos uma mordida, diga-nos e, juntos, podemos criar um parque de diversões bem seguro para seu pequeno amigo. Tudo bem, desculpe-nos. Para seu *grande* amigo. Engolir ou não engolir? Essa é uma decisão que cabe à sua namorada; o esperma tem gosto de alvejante; assim, temos certeza de que você compreenderá se ela não engolir.

Orgasmo

Algumas mulheres têm meia dúzia de orgasmos durante a relação sexual toda vez que sobem ao ringue. Já outras precisam da ajuda da estimulação manual (tanto direta como indireta) do clitóris. Algumas mulheres rosnam e uivam como o Lobo Mau e têm um grande e explosivo orgasmo, enquanto outras murmuram como um bebê. Logo você aprenderá de que tipo é sua namorada. E quem sabe? Você poderá encontrar muito prazer em ampliar as fronteiras da sensibilidade dela.

Algumas mulheres são o que se chama de não orgásticas; é como assobiar: algumas pessoas nunca aprendem como fazer. Se sua namorada for desse tipo e ambos estiverem dispostos a enfrentar o desafio, poderão fazer do orgasmo um projeto. Isso exigirá grande sensibilidade, paciência e comunicação. Isso poderá requerer o esforço conjunto ao longo de semanas. Como já dissemos, se você estiver envolvido com ela, essa poderá ser uma tarefa íntima e de cumplicidade, que, uma vez realizada, poderá deixá-la para sempre agradecida.

Sexo anal

Para algumas pessoas, esse é ainda um grande tabu, o que pode fazê-lo ainda mais atraente. Esse tipo de sexo é uma escolha muito pessoal. Sem dúvida alguma, não é uma coisa que deve ser forçada e, além disso, é melhor deixar passar algum tempo antes de pensar nele. Se houver concordância, comece bem devagar e use os dedos. A lubrificação é essencial.

Uma regra importante: tudo o que tocar o ânus não deve tocar a vagina. Exceto se você quiser que ela tenha uma infecção urinária que irá colocá-la fora de ação por uma semana ou mais.

Sexo a três
Se quisermos fazer esse tipo de sexo, nós lhe diremos. Não existe nada mais cansativo do que um homem que insiste no assunto o tempo todo. Tudo bem, talvez um dia estejamos dispostas a experimentar, mas se for com uma mulher, ela não será a piranha com peitos falsos com quem você tem fantasiado. É mais provável que seja com aquela morena da aula de yoga, mas tome cuidado, porque, se você não tiver a língua habilidosa como pensa que tem, isso ficará evidente para elas. Além disso, poderemos convidar aquele seu amigo sexy, o Tito. Portanto, pense bem antes de querer convidar nossa melhor amiga.

Depilação dos pêlos pubianos
Não faça isso. Exceto se pedirmos a você. Aparar um pouco os pêlos desgrenhados é ótimo, mas qualquer coisa a mais que isso fará parecer que você tem um pênis de borracha. Como regra geral, fique longe de tudo o que puder nos lembrar dessa opção acessível e menos irritante, que nunca deixa o assento do vaso levantado e não ronca. Entretanto, quando nos depilamos, é como um corte de cabelo: *note*. A depilação dói muito e queremos um pouco de reconhecimento pelo nosso sacrifício.

Falar durante o sexo
É a mesma coisa que falar em qualquer outra ocasião: o importante é o que você diz e quando você diz. E, claro, também é importante saber quando calar a boca e agir. Alguns palavrões são legais, mas o momento é tudo. Se for a primeira vez juntos, algo como "Engole tudo, piranha" pode pôr tudo a perder. (Na verdade, isso pode pôr tudo a perder em qualquer tempo.) Em geral, o melhor é manter distância das obscenidades. Apenas se refira ao seu "míssil flamejante do amor" se você quiser fazê-la rir. Algo como "Você é bonita pra cacete" é uma boa maneira de dar seguimento a uma conversa maliciosa. Se aceitarmos, considere isso um sinal verde. Caso contrário, prossiga com cuidado.

Brinquedos sexuais

A certa altura do relacionamento, a introdução de alguns apetrechos, com o consentimento mútuo, pode ser uma coisa interessante. Porém, que seja um de cada vez, gentilmente e, pelo amor de Deus, não apareça com um daqueles pênis gigantes, a menos que você pretenda usá-lo em uma égua. Além disso, se você pensar em um vibrador, não escolha o mais caro e mais eficiente, pois, da próxima vez que você fizer alguma bobagem (o que acontecerá muito em breve), sua utilidade pode ser questionada (veja abaixo).

Masturbação

Com certeza, você se masturba. Nós também adoramos. Porém, é melhor que isso não saia do controle, se você entende o que queremos dizer. Uma pequena sugestão: muito de vez em quando, se não quisermos fazer sexo, mas parecermos um pouco hesitantes, comece a se masturbar em silêncio deitado ao nosso lado na cama (a não ser que tenhamos de acordar cedo; nesse caso, vá dormir, seu malvado insensível). Às vezes, olhar a maneira como você se acaricia pode ser bem excitante e instrutiva.

Pornografia

Não temos interesse em pornografia da maneira como você tem desde a oitava série. Assim, não coloque *O Diário de uma Ninfomaníaca* e espere que imediatamente fiquemos excitadas. Você pode até apresentar a pornografia à sua namorada, mas, nesse caso, comece com algo leve, ou ela pensará que você é muito pervertido (não tem problema ser um pouco pervertido) ou que ela não é boa o suficiente para você.

Assuma a posição

Desde que os seres humanos começaram a fazer sexo, eles têm procurado cada vez mais posições criativas para realizar o ato, talvez impulsionados pelo desejo da novidade ou pela busca sem-fim por outra variação daquela sensação maravilhosa.

Descobrir novas posições pode ser um jogo divertido, desde que ninguém se machuque e que vocês dois estejam preparados para ver um ao outro de ângulos potencialmente desfavoráveis. Também pode ser útil para vocês encontrarem as posições de que mais gostam e que melhor se adaptem aos seus corpos. Temos uma amiga que namorava um cara cheio de energia que ela chamava de O Yogue. Esse homem sentia a necessidade de experimentar tantas posições, que ela se sentia como se fosse uma contorcionista do Cirque du Soleil.

> ## A segurança em primeiro lugar
>
> Somos todos adultos, o que mais podemos dizer? Faça sexo seguro. Não seja um idiota. Não apenas para evitar as doenças sexualmente transmissíveis (DSTs), mas também como método contraceptivo. Faça uma visita a amigos ou parentes que têm filhos. Não há melhor argumento em favor do controle da natalidade do que passar uma tarde com uma criança de 2 anos de idade. Se isso não for suficiente, pense no seguinte: qualquer homem pode parecer sexy colocando uma camisinha, mas é preciso um grande homem para parecer sexy retirando-a.

Comportamento pós-sexo

Sabemos que é um grande esforço agir como se ainda estivesse interessado depois de terminar. Para alguns homens, é um grande esforço permanecerem acordados (todos aqueles hormônios sexuais malucos). Contudo, para sua namorada, esse é o momento mais importante. Portanto, não apague ainda. Reserve um tempo para um abraço aconchegante. Respire fundo e permaneça assim por mais dez minutos. Você precisará praticar muito.

Educação sexual

O sexo é o começo e o fim da história. É o que une as pessoas e também o que as afasta. Quando um relacionamento não vai bem, o sexo é a primeira coisa a ir embora e a última a voltar. Para os namorados, o sexo é uma maneira de estarem e permanecerem ligados; de fato, o sexo é o dicionário do amor para o homem. As mulheres também querem estar e permanecer ligadas, mas, para elas, o sexo não é o dicionário do amor. Para além dele, existem outras palavras que podemos usar, outras maneiras com que podemos expressar nosso amor e nosso desejo por você. Não cobrimos aqui todas as questões, pois esse é um grande assunto (se você tiver sorte); por isso, apenas tocamos em alguns aspectos.

Todos nós desejamos prazer, satisfação, relaxamento, alívio, união e diversão. Com certeza, haverá momentos em que a comunicação entre nós poderá falhar: ela diz "dúplex" e você diz "duplex"; ela diz "mais, mais" e você ouve "sai, sai"; ela diz "conserte a bancada" e você ouve "pegue a escada". Ela diz "Tire isso da minha boca" e você ouve "Você não passa de um cabeça oca". Não se preocupe. O sexo é um idioma, e cada mulher tem o próprio dialeto. À medida que você aprender o dela, ela aprenderá o seu. Alguma vez você pensou que aprender um idioma pudesse ser tão divertido? Muito melhor que as aulas de espanhol.

> Eis aqui algo em que você pode acreditar: se você quiser sexo, conserte alguma coisa

O que é sexy para sua namorada

Trazer-lhe uma xícara de café pela manhã

Lençóis limpos

Carinho nas costas

Olhá-la enquanto ela tira a blusa

Quando ela veste a sua camisa sem nada embaixo para andar pela casa

Quando você a coloca no táxi e diz ao motorista: "cuide bem da minha namorada"

Segurar a mão dela

Fazer o jantar, mesmo não sendo bom cozinheiro

Virilidade

Homem que gosta de crianças

Ser um bom atleta

Ser um mau atleta

Falar com ela enquanto ela está no banho

Levantar-se quando ela retorna à mesa

Não tirar os olhos dela quando estão em uma festa

Uma camisa branca

Um homem que ri de si mesmo

Conhecer uma língua estrangeira

Um homem que beija bem

Ser um ótimo viajante

Confiança

Ser bom com a sua mãe

Ser generoso

Usar óculos

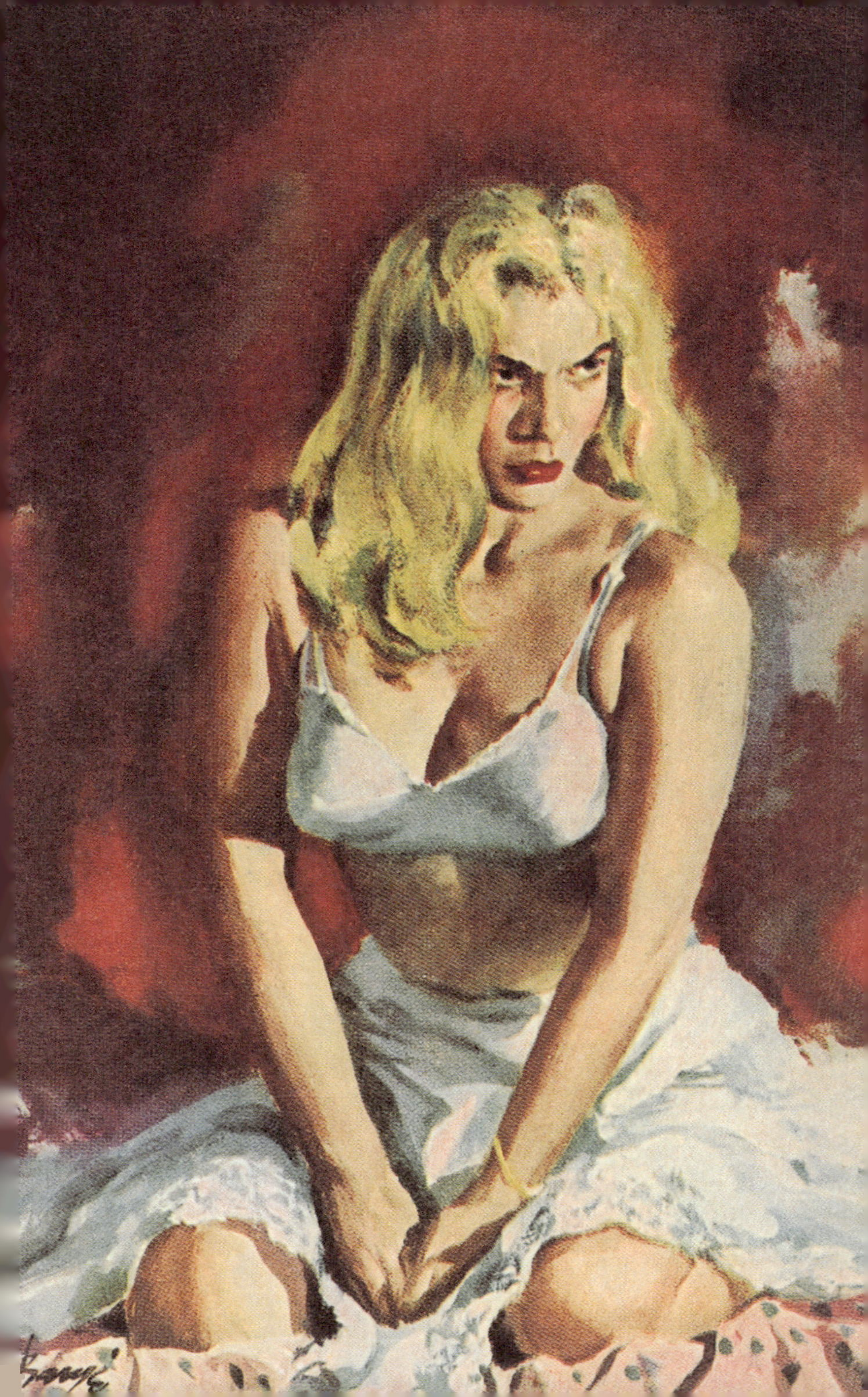

CAPÍTULO 17

DETESTO O MODO COMO VOCÊ COME

Os primeiros três a seis meses com sua namorada constituem o período de lua-de-mel. Jantares românticos, longas caminhadas na praia, tardes inteiras passadas na cama lendo jornal. É um tempo de completa perfeição, tempo do vinho e das rosas, quando uma ida ao supermercado é outra oportunidade para beijar, tempo de agradá-la e surpreendê-la, de ser adorado por ela e de sonhar em fazer sexo na mesa da cozinha. Prazer e romance não deixam margem para nada que não for excitante.

À medida que o tempo passa e a paixão esmorece, você começa a notar algumas coisas irritantes nela; pequenas coisas, como deixar a pasta de dentes destampada ou não lembrar onde colocou o controle remoto. Você procura ignorar o alarme que já está soando na sua cabeça e aciona a função soneca para prolongar a hora de despertar. Duas vezes. Porém, quanto mais o tempo passa e o alarme soa mais alto, fica cada vez mais difícil ignorar aquele horrível hábito de rir que ela tem quando está nervosa, ou a surpreendente capacidade dela de beber ruidosamente um copo de vinho branco. Chega um ponto em que tudo isso se transforma em uma pedra no seu sapato, uma mosca na sua sopa, um chato na sua festa, uma pedra no seu caminho, um pé no saco. Isso acontece com todo mundo. Nenhum casal tem um encaixe perfeito. Somos humanos e não máquinas.

Aproximadamente nesse mesmo tempo, garantimos que sua namorada também está começando a ouvir um alarme na cabeça dela.

Ela nota quando você deixa as toalhas molhadas sobre a cama, soca as camisas na gaveta das cuecas, interrompe-a quando ela está conversando ao telefone (muito embora ela faça o mesmo com você) e apara as unhas dos pés no sofá da sala, deixando as lascas se acumularem entre as almofadas. Contudo, aqui há uma diferença. Os homens são muito melhores em relevar esses incômodos momentâneos que as mulheres. Um pedregulho atirado no lago de uma garota sempre provocará ondulações até a margem. Quando um pedregulho é atirado no lago de um rapaz, a água o absorve; a superfície simplesmente não se altera. Vocês, homens, parecem ser capazes de carregar uma carga maior de irritações do que nós. Vemos isso acontecer milhares de vezes. O namorado levanta os ombros, balança a cabeça e arquiva a chateação na categoria "Deixa pra lá", aquela grande pasta sempre repleta. Com certeza, cedo ou tarde, os homens perdem sua frieza, mas levam mais tempo que nós. As damas primeiro.

A soma de todas as coisas

O fato de que você faz coisas que a aborrecem, ou que ela faz coisas que o aborrecem, irá preocupar sua namorada. Ela interpretará esses eventos como discórdia, o que irá perturbá-la e a levará a reagir de maneira desproporcional às situações. Trata-se de uma equação linear, trata-se da matemática feminina, e assim se parece:
- Ele não sorri para o garçom = Ele não é gentil, não temos futuro juntos.
- Ele come todo o chocolate antes de o filme começar = Ele é egoísta, não temos futuro juntos.
- Ele suga a lagosta para fora da casca = Ele é nojento, não temos futuro juntos.
- Ele se atrasou porque o pneu do carro furou = Ele não quis me buscar, não temos futuro juntos.
- Ele insiste em contar para mim os filmes aos quais já assistimos juntos = Ele não sabe que eu existo, não temos futuro juntos.
- Ele não tomou banho antes do nosso encontro = Ele não está animado em me ver, não temos futuro juntos.
- Se eu o amasse de verdade, não perceberia nada dessas coisas = Talvez eu não o ame, não temos futuro juntos.
- Eu sei que ele se aborrece quando tomo vinho branco = Ele não quer que eu me divirta, não temos futuro juntos.
- Ele detesta quando levo a vida toda para me decidir = Ele já se irrita comigo, imagine só quando me der a louca, não temos futuro juntos.

Uma vez que sua namorada ache a soma de todas essas coisas algo preocupante, ela irá lhe relatar o problema para que você possa resolvê-lo. Uma vez resolvido, ela pensará que o problema não irá mais preocupá-la. Então, a matemática feminina ficará assim:
- Ele parou de sugar a lagosta = Temos um futuro juntos.
- Ele parou de desdenhar o garçom = Combinamos perfeitamente.
- Ele parou de comer todos os doces = Ele me ama.

- Ele me deu os sapatos que eu adoro = Ele enxerga meu verdadeiro eu.
- Ele me ouve de verdade = Ele tem fascinação por mim.
- Ele se lembrou do aniversário do meu gato = Eu sou o centro do seu universo.

As amigas da sua namorada

Sua namorada precisa das amigas. Ela precisa da companhia delas e precisa conversar ao telefone... muito! Ela falará sobre você.

Acostume-se com a idéia de que essas garotas saberão de *todos* os seus segredos. Não tente impedir. Encoraje-a – mesmo se não compreender –, pois, se ela não tiver o apoio das amigas, você terá de ser uma amiga substituta e conversar muito sobre sentimentos. Com um pouco de sorte, você gostará das amigas dela e elas gostarão de você. Porém, às vezes, não é assim tão fácil. Se vocês não se derem bem, aja com cuidado; esse grupo de mulheres é capaz de fazer um bom estrago se não estiverem ao seu lado. De qualquer maneira, elas fazem parte da vida da sua namorada e, conseqüentemente, da sua vida também.

Engula essa

Então, ela diz e diz e diz tudo o que você faz que a aborrece. Para ela, isso fará com que você pare de ser rude ou irritante ou idiota e, assim, ela não precisará procurar um novo namorado. Para você, isso é um tormento. E nós concordamos. Não existe essa coisa de crítica construtiva. Jamais. Trata-se de um conceito venenoso. A questão não é que todos nós não sejamos capazes de melhorar como pessoas de uma forma ou de outra; a questão é que quaisquer ganhos ficam soterrados sob uma montanha de ressentimentos. Então, o que você deve fazer se sua namorada simplesmente insistir em pegar no seu pé? Em primeiro lugar, diga-lhe que ela o está atormentando de verdade, que não está ajudando em nada, apenas está atormentando com "A" maiúsculo. Se ela não se emendar, como um último recurso faça sua lista com tudo o que ela faz que o aborrece, pois parece que ela precisa da sua ajuda para descer do pedestal. Quais dos itens abaixo fazem parte do seu rosário de queixas?

- Ela joga seu jeans na máquina de lavar com uma nota de 100 reais no bolso.
- A mãe dela é também sua melhor amiga e sabe coisas demais sobre o relacionamento de vocês.
- Ela nunca paga as contas em dia e depois fica furiosa quando tem de arcar com as multas pelo atraso.
- Após um drinque, ela começa a falar com um leve sotaque caipira.
- Ela acredita que o mais caro é sempre o melhor (por exemplo: restaurantes, médicos, mecânicas).
- Ela nunca tira o pé da embreagem.
- Ela insiste em usar um branqueador dental para dormir.
- Ela vive perdendo as chaves do carro nas profundezas da sua bolsa abarrotada e lhe pergunta acusatoriamente o que você fez com elas.
- Ela tenta fazer amizade com qualquer garçom.
- Nada é simples para ela. Ela não consegue tomar uma decisão e permanecer com ela.
- Ela é temperamental, crítica e se melindra com qualquer coisa.
- O equipamento eletrônico da sua casa a deixa confusa, e ela pensa que você fez isso de propósito.

DE MULHER PARA MULHER
Um conselho para sua namorada!

Existem coisas pequenas, coisas médias e coisas grandes. Pare de tentar melhorar seu companheiro nas duas primeiras categorias. Não dará certo. Guarde a tortura para as coisas grandes. Acha que a prática leva à perfeição? Então, pratique a perfeição do respeito.

Flatulência

Ataque aéreo. Ventosidade. Pum. Traque. Bufa. Seja lá que nome você der, aborde o assunto da flatulência com cuidado. Cada namorada vai reagir de uma maneira diferente. Temos uma amiga que cobra 1 real do namorado toda vez que ele solta um pum na cama; ela já fez um bom pé-de-meia desde que começaram a namorar, quase o suficiente para ela comprar uma câmera digital. Achamos que ela tem todo o direito de cobrar, pois é ela quem tem de agüentar. Ele diz que só faz isso com uma mulher que ama. Ela deveria ficar lisonjeada.

Lavando a roupa suja em público

Muitas pessoas guardam suas desavenças cotidianas para discuti-las na frente dos outros. Sabe aquela mania de provocar um ao outro que alguns casais têm? Fazer uma piada sobre como ela está sempre atrasada, como ele nunca se lembra de nada, como ela não consegue equilibrar a conta bancária, como ele sempre assobia depois de ir ao banheiro. No início de um relacionamento, as pessoas fazem esse tipo de coisa para mostrar ao mundo o quanto estão ligadas: "Vejam. Nós somos tão bonitos e tão íntimos que podemos dizer o que quisermos um ao outro". Eis por que as pessoas que assistem a tal demonstração acham-na desagradável e, ao mesmo tempo, invejável. Desagradável porque, bem, *argh*. Invejável porque a dupla queixosa mostra grande intimidade e cumplicidade aninhada em seu "Time de Nós Dois" (e eles nem sequer estão usando o mesmo uniforme).

O problema é que essa ponte para a intimidade pode ser uma armadilha, porque essa espirituosa implicância pública muito rapidamente se transforma no único fórum para o casal expor as desavenças do dia-a-dia. Assim, o que começa como agregador termina como corrosivo e, tal como chuva ácida, cedo ou tarde irá corroer os adoráveis detalhes do seu relacionamento, deixando muitas mágoas. Acreditamos que esse tipo de embate deve ser reservado para os casados há muito tempo, que já conquistaram o direito de não agüentar um ao outro.

Mantenha a caça aos defeitos entre quatro paredes, pois ela pode destruir relacionamentos. As desavenças cotidianas podem fugir do controle e sufocar a capacidade de sentir prazer um com o outro. O melhor é arrancar o mal pela raiz, antes que seja tarde.

Nervos de aço

Quando se trata de hábitos irritantes, os homens suportam um peso maior que nós e durante mais tempo. Entretanto, mais cedo ou mais tarde, aquele fardo começa a prejudicar suas costas e, em vez de pedir à sua namorada para aliviar sua dor, você sofre em silêncio. Então, para nossa total surpresa, você foge com sua fisioterapeuta. A reação de uma mulher é exatamente a inversa. Enquanto você está disposto a agüentar firme, ela reage exageradamente a pequenos aborrecimentos porque o senso de proporção dela não funciona. Isso reverte a seu favor quando você afirma que seu dedo tem cerca de trinta centímetros, mas o mesmo não ocorre quando ela conclui que sua inabilidade de limpar o creme dental derramado na pia significa que o seu relacionamento está condenado. É como se fôssemos míopes. Se estiver perto o bastante para se enxergar, deve ser importante. Por isso, os dois precisam aprender um com o outro, pois os homens não sabem jogar a toalha, e as mulheres nunca desenvolveram músculos.

A ponta do iceberg

Algumas vezes, a ponta de aborrecimento que aparece, na verdade, faz parte de uma vasta massa de gelo que está abaixo da superfície, que ninguém pode ver, mas que você sente. Talvez a razão de você ficar tão irritado por ela demorar tanto na frente de um computador (Afinal, o que ela está fazendo? A declaração do imposto de renda?) se deva a uma série de contrariedades acumuladas ao longo do tempo. Ou talvez você já esteja cansado dela, cansado de ser o namorado dela, cansado de todo o relacionamento.

Como distinguir a raiva pura e simples daquela voz interior que lhe diz para pular do barco? Basta fazer o teste FDI: Freqüência, Duração, Intensidade. (Nos seus momentos menos cavalheirescos, "FDI" também pode significar Fúria, Danação, Ira.) Em uma escala de 1 a 10, classifique as ocorrências irritantes: monopolizar os cobertores, mexer no cabelo dela sem parar, dizer "Você deve estar brincando" 46 vezes por dia. Se sua namorada receber nota 10 em todos os quesitos, não se engane. Você quer dar o fora. Então, dê o fora. (Você tem nossa permissão para saltar direto para o capítulo sobre rompimento.)

> ## *E por falar em aborrecimentos...*
>
> Existe o horário de Greenwich, o horário de verão... e o horário da namorada. Esse é o mais antigo que existe. Você pergunta à sua namorada quando ela estará pronta, e ela lhe diz cinco minutos. Porém, sempre serão dez. Ou mais. Desculpe. Gostaríamos de poder lhe dizer por que fazemos isso, mas não podemos. Sempre parece haver uma coisa a mais que podemos fazer para melhorar nossa aparência. E é isso que todos nós desejamos, não é mesmo? Sabemos que isso o deixa louco. Mas se demoramos um pouquinho para nos arrumar, tudo isso é só por você.

Entretanto, se você fizer o teste FDI e os resultados forem inconclusivos, mas você continuar pensando: "Ela tem mesmo de usar o espelho retrovisor para passar o batom?" ou "Por que ela não consegue lembrar onde estacionou o carro pelo menos uma vez na vida?" ou "Será que ela é fisicamente incapaz de dar um telefonema que dure menos de dois minutos?", por favor, abra seu coração para ela. Não é preciso falar de cada pequena coisa a todo minuto; a vida é curta demais para isso. Contudo, não finja que tudo está bem quando não estiver. É só uma questão de tempo para que um monte de entulho se transforme em uma montanha. Tudo bem, talvez você seja um ótimo alpinista, mas chegará o dia em que você se cansará, e esse será o dia em que você deixará sua namorada definitivamente. Acredite. Registre sua reclamação e veja se sua irritação desaparece. Se desaparecer, então, que ótimo para você. Bem-vindo ao maravilhoso mundo de tentar entender-se com outro ser humano.

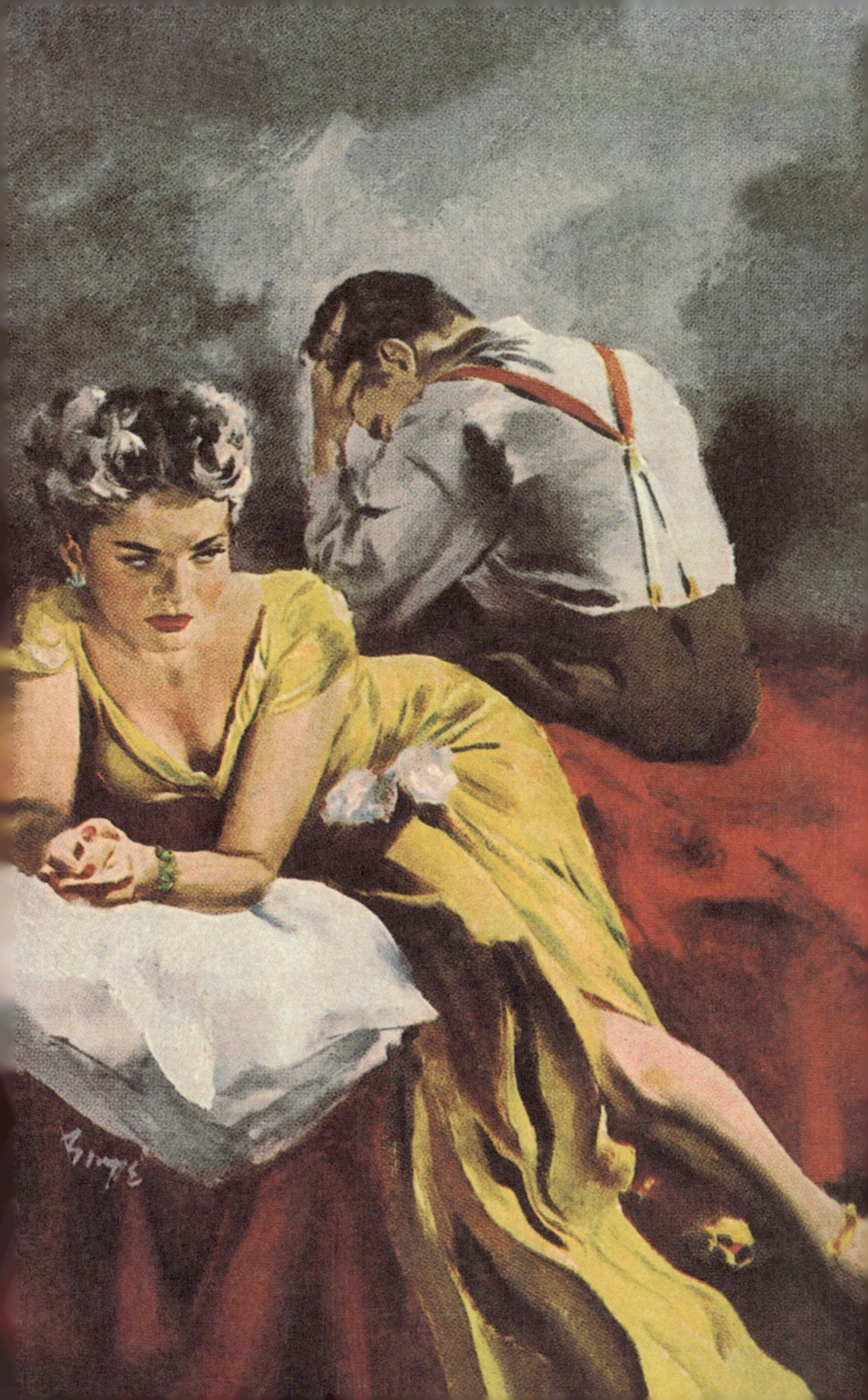

CAPÍTULO 18

O AMOR MACHUCA

Nossa amiga Helena tem medo de avião, apesar de viajar bastante. Uma mulher inteligente e racional, ela entende perfeitamente que, quando está dirigindo seu carro, eventualmente irá ter de enfrentar os buracos de uma estrada muito ruim. Porém, todo esse pensamento racional a abandona quando ela está em um avião. Ela enlouquece a cada balanço da aeronave, certa de que o desastre está por vir. Um dia, por sorte, em uma de suas viagens, ela se sentou ao lado de um piloto de aviação. O vôo passava por uma turbulência e ela se agarrou aos braços da poltrona, admitindo estar completamente apavorada. Foi quando Carlos comentou: "Os aviões atravessam correntes de ar, que são turbulentas por sua própria natureza. Os balanços não são exceção em uma viagem tranqüila; os balanços são a viagem". Ele não era apenas muito simpático; sua segurança deu a ela uma nova perspectiva, uma maneira muito melhor de voar pelos céus amistosos. Esse novo entendimento, combinado com a ingestão de um calmante, fez de Helena uma tranqüila passageira.

Pense em sua namorada como uma viajante nervosa, cujo senso de perspectiva sai voando pela janela quando o assunto são as turbulências cotidianas do seu relacionamento. Uma discussão acalorada irá parecer uma briga para ela, e uma briga irá parecer que o casal está à beira de um desastre. Sua namorada considera um desentendimento como uma turbulência inesperada, e ela tem pavor de que vocês dois não consigam resistir ao abalo. Isso sem mencionar a preocupação dela de que os comissários de bordo tenham de suspender o lanche e as bebidas; e aí, onde fica o divertimento?

Não é que sua namorada seja uma medrosa. É que ela teme o que o atrito pode significar. Com certeza, existem muitas mulheres que adoram uma boa briga, mas, em matéria do coração, a maioria das garotas usa uma lente de aumento. Em outras palavras, pequenas questões parecem problemas enormes e, com freqüência, não conseguimos vê-las de outra maneira. Os homens podem gostar de uma discussão acalorada sobre quase todo tipo de assunto, como se fosse um bom exercício: é saudável e divertido, o equivalente emocional do futebol. Por exemplo: uma discussão acalorada sobre política pode ser, do seu ponto de vista, uma discussão acalorada sobre política, mas, do ponto de vista da sua namorada, ela rapidamente pode evoluir para "Por que você está olhando para mim desse jeito?" e daí para

"Por que você está gritando comigo?" e, finalmente, para "Você não me ama mais". Para ela, isso é discórdia e é pessoal. O assunto original da discussão é rapidamente esquecido, e ainda mais rápido do que você possa dizer "Querida, você perdeu a cabeça?"; a essa altura, vocês já estarão brigando por causa do relacionamento. Infelizmente, nós somos tolas assim.

ESTEJA PREPARADO

As mulheres exageram em tudo porque sentem todas as coisas em um nível exagerado. Em grande medida, isso se deve aos hormônios, e não estamos brincando. A testosterona dá aos homens a capacidade de atravessar a vida como se fossem um hidroavião, deslizando sobre as ondas em uma base estável e a uma velocidade estável. Já o estrogênio nos faz sentir como se fôssemos uma pequena canoa. Estamos passando sobre as ondas, sim, mas sentimos cada turbulência, cada arrebentação e cada movimento das águas. Deixe-nos explicar, não queremos dar a nós mesmas um passe livre porque somos mulheres; estamos apenas oferecendo uma pista sobre o comportamento da sua namorada. Ela é hipersensível. Isso quer dizer que você tem de pisar em ovos ou concordar com a opinião dela? Não. Entretanto, da próxima vez em que vocês discutirem o aumento do alcoolismo entre os povos indígenas e ela irromper dizendo que sabe que você pensa que ela não é inteligente, pelo menos você saberá por quê. Ela é uma pequena canoa.

Lenha na fogueira

Há brigas de todos os formatos e tamanhos, mas existem algumas questões básicas. Tome cuidado com elas para não cair em armadilhas. A seguir, apresentamos os dez motivos que mais provocam brigas entre os casais:

• **Dinheiro.** O dinheiro deixa as pessoas sobressaltadas, e pessoas sobressaltadas transformam-se em pessoas zangadas muito rapidamente.

• **Tempo.** Você não passa tempo suficiente com ela.

- **Estresse.** Sabemos que é óbvio, mas o estresse não apenas enfraquece seu sistema imunológico provocando rugas, como também nos faz perder a cabeça sem nenhum motivo.
- **Não ouvir.** Isso realmente nos deixa loucas. Se você não consegue prestar atenção quando estamos falando, o melhor é fingir.
- **Subestimá-la.** Ela é tão boa com você, tão fácil de lidar que você se acostumou. Você a coloca no seu bolso, com o troco, o papel da bala e os fios da costura. O que se exige é atenção aos detalhes; os detalhes dela, a sua atenção.
- **Zombaria.** Não deboche da sua namorada na frente dos outros. Ela, provavelmente, também levará na brincadeira, mas dará o troco em dobro mais tarde.
- **Ciúme.** Você até pode pensar que ela não vê seu olho comprido para cima de outras mulheres, mas nós garantimos que isso não passa despercebido.
- **Presentes.** Nós oferecemos um capítulo inteiro sobre esse assunto, o qual gostaríamos de chamar "presente indicativo". Ignore-o por sua própria conta e risco.
- **Atrasos.** Tudo bem, sabemos que nem sempre somos pontuais, e temos consciência de que, nesse caso, existem dois pesos e duas medidas, mas se os homens atrasam 15 minutos, consideramos como um insulto pessoal. É isso. Confessamos. E nem assim vamos fazer alguma coisa em relação aos nossos próprios atrasos.
- **Esquecer:***
  O aniversário dela.
  Que ela toma café com adoçante.
  Que ela é alérgica a kiwi.
  Que ela tem aulas toda terça-feira à noite ("Aonde é que você vai?").
  Que ela detesta comida japonesa.
  Que ela tem fobia de cogumelo.

* Não lembrar = não se importar.

Um urso de bicicleta

Muitas brigas acontecem por uma distância que existe entre as maneiras que homens e mulheres resolvem um problema. Na verdade, não é uma distância; é mais como se fosse um abismo. Os homens sempre acham que as mulheres querem conselhos e soluções para os problemas, mas nós só queremos um ouvido amigo. Vamos supor que sua namorada lhe conte que teve uma briga com a mãe e que, por isso, não conseguiu dormir a noite toda. "Veja bem", você lhe diz, "isso sempre acontece com sua mãe. Você se sentirá melhor se procurá-la e se desculpar e, a propósito, aonde você quer ir esta noite, comida italiana ou frutos do mar?" Ou ela ficará irritada ou ficará triste, e dirá que odeia comida italiana e que camarão lhe faz mal. A bola está em campo. A briga já começou.

O que aconteceu?

Você pensa que está ajudando e mostrando seu amor ao oferecer a ela uma solução, mas sua namorada interpreta sua atitude "Vamos resolver isso" como uma maneira de desmerecer os sentimentos dela, e isso a deixa furiosa. Por isso, não lhe dê uma resolução, mesmo se for muito boa. Ela só quer que você a ouça. Não diga que a mãe dela tem certa razão, que foi um simples mal-entendido e que ela deveria pegar o telefone e resolver tudo. Sua namorada precisa desabafar e contar cada detalhe do que se passou, descrevendo o que a mãe disse e como estava o cabelo dela e o broche horrível que ela usava. Além do mais, ela quer contar do tempo em que tinha 8 anos de idade e que a mãe não quis lhe dar a boneca Susy, e que esse mesmo tipo de coisa sempre se repete.

Conhecemos um namorado que acha que pedir empatia em vez de conselhos é como pedir a um urso para andar de bicicleta. A opinião dele? "Se você me trouxer um problema, eu vou precisar resolvê-lo, porque essa é a natureza masculina. Se você quiser um ouvido amigo, procure uma mulher". Sabemos que é difícil acreditar que algo tão contra-intuitivo possa ser a atitude correta, mas confie no que estamos dizendo. Quando sua namorada está triste ou aborrecida, não pule na água com um colete salva-vidas para resgatá-la, mesmo se achar que é responsável pelo problema dela. O melhor é nadar um pouco ao lado dela ou acompanhá-la até a praia. O colete salva-vidas e sua lista de soluções serão bem-vindos mais tarde, quando ela parar de se debater em águas profundas.

> As mulheres querem empatia, não conselhos, e, com certeza, não uma solução rápida.
>
> | VOCÊ DIZ: | ELA OUVE: |
> |---|---|
> | "Querida, a solução é óbvia". | "Você está histérica demais para pensar". |
> | "Não há razão para ficar triste". | "Você não sabe como lidar com o problema". |
> | "Por que você está chorando?" | "Você é tola por se sentir assim". |
> | "Você já não havia decidido o que fazer?" | "Não quero ouvir falar sobre isso outra vez". |
>
> Agora, o que ela ouve deve estar correto; talvez você não queira se compadecer por ela; talvez você prefira resolver tudo e seguir em frente. Isso não é legal; as mulheres não funcionam desse jeito.

Um rio de lágrimas

Você briga com sua namorada e ela acaba chorando, e você não gosta de nada disso. Ela também não. Entretanto, as lágrimas não são um artifício de manipulação como muitos homens pensam. Com certeza, muitas mulheres acreditam que se o primeiro recurso não der certo, chore, chore, muito. Porém, acredite quando dizemos que a maioria das mulheres não gosta de chorar, pela simples razão de que as lágrimas borram toda a nossa maquiagem, mais rápido do que se possa dizer "base corretiva hidratante com protetor solar". Além disso, é difícil manter a coerência em meio a tantos soluços.

Embora os homens odeiem o som, a visão e a proximidade das lágrimas, o choro pode ser uma coisa boa, pois é uma das maneiras de sua namorada terminar uma briga. Faz parte da natureza de ser mulher. É assim que ela é. Portanto, não se aborreça nem perca a cabeça. Ela não quer romper com você. Sabemos que quando sua namorada chora, você se sente culpado: "Ah, meu Deus, eu sou um idiota, um insensível". Essa reação parece estar imbuída em vocês, homens, desde quando vocês eram criancinhas. Afinal, os meninos não devem magoar as meninas, nem fazê-las chorar (você arrumou uma grande encrenca quando aquela sua amiguinha se desmanchou em lágrimas na terceira série), e uma parte de você ainda está naquele parquinho da escola.

Nós compreendemos. É difícil ver sua namorada chorar. Quem não se sentiria mal? Quando ela chora, você sente que deve se desculpar, mesmo se for a parte ofendida, o que lhe parece bem injusto. O lado bom disso tudo é o seguinte: você pode confortar sua chorosa namorada sem sentir culpa, sem se desculpar e sem abrir mão do seu ponto de vista. Apenas deixe-a chorar. Ela precisa disso; é a natureza dela. Chorar é uma parte fundamental da maneira de se expressar da sua namorada.

A raiva em questão

É difícil seguir adiante com este capítulo sem parecer que este é um livro de auto-ajuda (certifique-se de que você está sendo ouvido; nunca comece uma frase dizendo "você sempre..."; a raiva é um sinal de que os limites foram ultrapassados; os homens são de Marte, as mulheres são de qualquer loja de departamentos etc.). Se você quiser se aprofundar no assunto, compre outro livro, porque pensamos que brigar é realmente importante, e é muito importante saber brigar. A seguir, oferecemos algumas diretrizes práticas:

- **Fale!** O silêncio é para prisioneiros de guerra. Na mente da sua namorada, seu silêncio significa que você não se importa.
- **Lute até o fim.** Pegar sua bola e voltar para casa é coisa de criança.
- **Escute.** Você precisa ouvir o que ela diz, concordando ou não com ela. Vale a pena repetir: *concordando ou não com ela.*
- **Agarre-se ao que é verdade para você.** Diga a ela a verdade do seu ponto de vista e seja o mais claro e simples possível; por exemplo: "O que você fez não foi legal e estou realmente aborrecido".
- **Briga limpa, sempre.** Isso vale tanto hoje como valia no tempo da escola. Sem xingar, sem bater, sem morder nem puxar o cabelo.
- **Seja justo para não ser vingativo.** Não contabilize em silêncio as desavenças e aborrecimentos que você carrega em sua cabeça. Mais tarde, você perderá o controle por uma coisa à-toa, e isso fará com que pareça um psico-raivólatra.

Mulheres malcomportadas

Muito comumente, vocês, namorados, não consideram suas namoradas da mesma maneira como consideram um homem, ou seja, você atribui o mau comportamento dela a algo como "As mulheres são assim mesmo", quando realmente se trata de falta de educação. Se um homem agisse da mesma forma, você o criticaria duramente ou partiria para as vias de fato. Porém, quando se trata da sua namorada, você varre a questão para baixo do tapete, acreditando que "todas as mulheres são loucas". Nós compreendemos esse impulso: se você está no Japão e alguém não aperta sua mão estendida, você não considera o gesto como uma ofensa. Se você está na França e o garçom é descortês, você considera essa atitude normal. Se você é hóspede em um iglu e alguém lhe esfrega o nariz, você não vê nada de excepcional. Agora, só porque sua namorada está fora dos limites da sua compreensão, você é brando com ela. Permita-nos dar-lhe um conselho: não faça isso! Não tolere a falta de educação simplesmente porque ela é mulher. Não é bom para você e, em última instância, também não é bom para ela. (Como você pensa que Naomi Campbell começou?) Defenda-se. Na pior das hipóteses, você sempre pode partir. Sua namorada não tem de agüentar quando você a trata mal, e vice-versa.

Tudo o que você disser poderá ser usado contra você

Temos aqui mais uma daquelas desconcertantes contradições. Considerando que sua namorada pode pensar que uma discussão acalorada é uma briga, e considerando que ela chora bastante, ocorre que ela pode estar em desvantagem em uma discussão. Eis a questão: ela não está. Assim que sua namorada dá a partida e vocês dois começam a brigar – sobretudo *sobre* vocês dois – ela pode, com certeza, deixar você para trás, da mesma maneira que um carro superpotente deixa um Fusca para trás.

Sua namorada é capaz de enredá-lo, e ela tem uma memória de elefante para mágoas e ressentimentos. Ela lhe dirá: "Não é o que você disse duas semanas atrás", e ela estará com a razão. Palavra por palavra. Ela passou a vida estudando os relacionamentos e memorizando os mapas do tesouro para descobrir todos os significados escondidos. Quando uma discussão acontece, ela conhece bem o território: fatos, sentimentos, conversas anteriores, gestos e até tiques nervosos. Ela conhece todos os pontos importantes, seus significados e como usá-los.

> Sua namorada deixou um rastro de migalhas de pão para que pudesse encontrar o caminho de volta e defender a própria posição, ao passo que você comeu tudo sem deixar resquícios, pensando que jamais teria de passar pela mesma estrada novamente.

Os homens são capazes de encontrar o Estádio do Maracanã mais rápido do que as mulheres, mas você não consegue encontrar o caminho para o centro da questão. Você foi programado para decifrar mapas rodoviários, mas não sabe o que fazer com mapas emocionais. O único recurso que um namorado tem é o equivalente ao código do soldado: nome, posto e número de série. É mais ou menos o seguinte: "Qualquer coisa que eu tenha dito, não quis dizer, e qualquer coisa que eu não disse, eu gostaria de ter dito". Por isso, com certeza você preferiria que qualquer coisa que tenha sido dita há seis meses não fosse admitida em uma discussão. Para você, o ideal seria que todo e qualquer comentário se tornasse nulo e ineficaz após sete dias. Isso explicaria por que os homens almejam ser o tipo forte e calado. Infelizmente, isso só funciona no cinema. Na vida real, as mulheres irão capturar o forte e aniquilar o calado.

Clube da briga

É importante conhecer e distinguir os vários tipos de briga em que você pode se envolver. Você não jogaria futebol usando uma máscara e nadadeiras nem iria a uma ópera com sua roupa de mergulho. Você precisa estar preparado. Conheça alguns clássicos:

Programa de milhagem para briguentos. As brigas são tão freqüentes que você poderia voar para Bali com todas aquelas milhas que ganhou. Já que esse é um clube no qual você não quer ser da classe superior, nossa sugestão é trocar a companhia aérea.

Associação nacional das garotas do papai. Se você está namorando uma garota que foi muito ou pouco amada pelo pai, mesmo sem saber você é sócio desse clube. Você não pode se igualar, nem corrigir o estrago;

portanto, consulte o diretório de membros para encontrar o nome de um bom terapeuta, para vocês dois.

Sociedade do EE. Você pode ser um membro desse grupo sem saber que "EE" significa "E eu?". Se esse parece ser o *slogan* da sua namorada, mantenha sua mensalidade em dia – em outras palavras, mantenha sua namorada com o amor e a atenção a que ela tanto aspira – e, assim, não terá de freqüentar as reuniões semanais.

Associação dos hipocondríacos. Você se associou a uma organização que acredita que o sistema imunológico dos relacionamentos é frágil e precisa de acompanhamento constante. Sua filosofia é "Como estamos hoje?" ou "Vocês estão bem?". Se você descobrir que é membro desse clube, o melhor a fazer é comprar um *hamster* para ela cuidar.

Ordem leal das garotinhas. As garotinhas choram quando ralam os joelhos em uma boa discussão. Os encontros são sempre marcados por discussões sobre acontecimentos correntes ou sobre o tempo, e sempre terminam com um "como você não a ama o bastante...". Se você for membro dessa classe, devolva-a para o jardim-da-infância até que ela cresça.

Clube do olhe para mim! Você se candidatou aos quadros desse clube quando começou a sair com uma garota que flerta com todos os caras que aparecem. A insaciável necessidade dela por atenção deve ser tratada o quanto antes, mas não tenha muitas esperanças de que ela venha a mudar. Se ela precisa ser amada por todos, ela nunca ficará satisfeita amando apenas um, mesmo que você seja a melhor coisa que já aconteceu desde o pão de fôrma.

Sociedade "mas eu pensei que estávamos só conversando." Você já se viu no meio de uma conversa com sua namorada quando, de repente, está jogado no chão com as mãos dela no seu pescoço? Perdoe-me por dizer, mas você faz parte da sociedade "mas eu pensei que estávamos só conversando" (também conhecida como o "clube do ataque surpresa"). Essa entidade entra em sessão quando você, acidentalmente, diz alguma coisa idiota ou, sem querer, toca em alguma ferida dela. Assim, sua namorada está engatilhada, pronta para atacar. Por isso, desculpe-se por tê-la magoado e deixe a poeira baixar antes de esclarecer o assunto.

Quem pede desculpas?

O filme *Love Story*, de 1970, trouxe a notória frase: "Amar é nunca ter de pedir perdão". Perdoe-me (!), mas essa é uma bobagem tão açucarada que suspeitamos que a personagem da atriz Ali MacGraw no filme morra de diabetes, não de câncer. No extremo oposto, um namorado shakespeariano, cujas doces palavras e vigorosa jaqueta seduzem sua namorada para o bosque mais de uma vez, acertou em cheio ao dizer: "O curso do amor verdadeiro nunca fluiu suavemente".

Mal-entendidos, equívocos, erros e confusões são ocorrências diárias na vida de um casal, sabemos disso. Também sabemos que pedir a um homem para dizer "desculpe, eu sinto muito" é como pedir a um porco para voar. Você pode pensar que está dizendo "desculpe, eu sinto muito", mas o que vem à tona é o seguinte:

- Ah, vem cá, eu não fiz nada.
- Eu pensei que isso nos aproximaria mais.
- Eu avisei que não deveria visitar sua mãe.
- O que você quer de mim?
- Mas você disse para não lhe contar.
- Você está fazendo uma tempestade em um copo d'água!
- Meu bem, isso não significa nada.
- E daí?

Veja a seguir nossa lista de maneiras para você pedir desculpas, que irá deixar sua namorada satisfeita, para que o namoro possa ir em frente. Além disso, você poderá fazê-lo sem realmente pronunciar aquelas palavrinhas, que você não quer dizer pois parece acreditar que elas farão você entrar em combustão espontânea, contrair erisipela ou ter peitos instantaneamente. Essas maneiras de se desculpar suavizarão as coisas sem que você tenha de assumir nada:

- Eu gostaria de não ter feito aquilo.
- Eu estava apavorado.
- Nunca pretendi que isso acontecesse.
- Você pode me perdoar um dia?
- Eu gostaria de poder fazer tudo outra vez.
- Você sabe que eu a amo demais.
- Eu estou de castigo, não é?

- Podemos ver o *replay*?
- Me deixa tentar de novo?
- Devo arrumar a minha cama no sofá agora ou mais tarde?
- Bem, acho que isso merece uma boa surra.

ESTEJA PREPARADO

Sua namorada vai discutir todas as brigas de vocês com as amigas. Tudo será analisado, morto e enterrado para, depois, ser revivido e analisado novamente. Dias, semanas e até meses após uma briga haver terminado, as amigas da sua namorada irão lembrá-la do que aconteceu quando uma nova briga surgir. De certo modo, você não tem uma briga com uma mulher apenas, mas com todo um harém. Ah, se essa regra se aplicasse ao sexo...

Uma chance de brigar

A última coisa que vocês, homens, desejam é chegar em casa e se defrontar com brigas e discussões. Você já tem o suficiente dessas coisas no grande e difícil mundo lá fora. Porém, quando uma namorada se sente sozinha, abandonada ou ignorada, ela começa uma briga só para ter sua atenção. Sabemos que isso é justamente o que nossos namorados detestam, mas o que uma garota deve fazer? Quando os homens estão preocupados – por causa do trabalho, de dinheiro ou da desclassificação de seu time no campeonato – as mulheres interpretam isso como rejeição. Se você se encontra nessa situação, pense que ela pode estar carente de atenção, antes de trocá-la por um novo modelo. Às vezes, uma briga apenas quer dizer que ela sente sua falta.

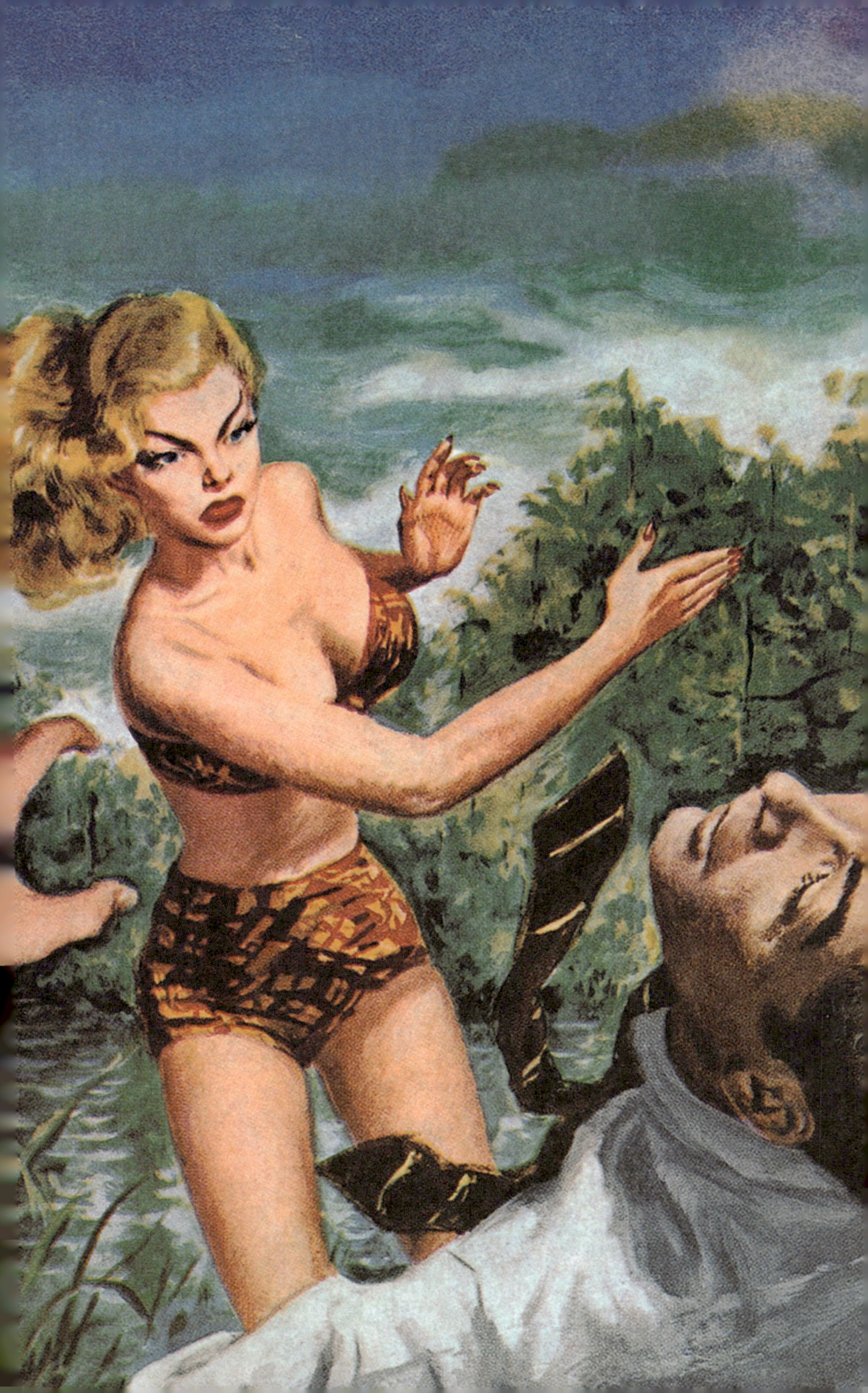

CAPÍTULO 19

MAS EU PENSEI QUE TUDO ESTAVA INDO TÃO BEM

Muitas coisas parecem ser uma boa idéia em sua época.

Isso explica a discoteca, o elástico de cabelo estampado, o corte de cabelo chanel e a Guerra do Vietnã. Isso também explica alguns relacionamentos. Mesmo com as melhores das intenções e com os planos mais perfeitos, um relacionamento aparentemente feliz pode ir por água abaixo de uma hora para a outra. Em um instante, tudo é paz, festa do sol, e o amor se faz num barquinho pelo mar que desliza sem parar. De repente, mais depressa do que se possa dizer "mas eu pensei que tudo estava indo tão bem", aquele mar calmo torna-se tempestuoso e as mesmas forças poderosas que uniram seus corações agora arremessam a frágil embarcação do amor contra perigosos rochedos.

Prenda todas as amarras, meu amigo; você acaba de entrar no Triângulo das Bermudas dos relacionamentos: ciúme, traição e rompimento.

O monstro de olhos verdes

Um homem encontra uma mulher. O homem conquista a mulher. O homem segue a mulher para confirmar sua suspeita de que ela está dormindo com seu melhor amigo.

Quando vemos alguém pegar o que queremos ou o que acreditamos ser nosso, o ciúme mostra sua cara feia. Doença que atinge qualquer um, o ciúme é a catapora das emoções: poucos escapam dessa coceira desconfortável e infeliz. Ela afeta a todos. Ela desperta o pior que existe em todos nós. As namoradas tornam-se possessivas, loucas e obsessivas. Os namorados tornam-se agressivos, paranóicos e intolerantes. Quando você é adolescente, sentir um ciúme louco da sua namorada pode parecer uma coisa legal. É dramático, romântico, justo. Sua jovem namorada é um tesouro vulnerável que corre perigo de ser roubado, enquanto você assume o papel de um cara durão que deve proteger o que é seu. Isso pode parecer correto quando se tem 16 anos de idade, mas se comporte dessa maneira quando adulto e você terá de enfrentar um processo judicial.

Quando o ciúme aparece entre você e sua namorada – e é bem provável que apareça –, pode ser quase impossível dizer de quem é a culpa e como superar o problema. Vamos tomar certa situação como exemplo, olhar para ela de diferentes pontos de vista e descobrir onde está o problema.

> Seu ciúme é cansativo, viciador e uma completa perda de tempo. Porém, você precisa dar-lhe atenção. Pense nele como uma consulta ao proctologista. Seu instinto lhe diz para ignorá-lo na esperança de que não seja nada, mas você ficará bem melhor se for ao consultório médico, resolver o problema e sair. Você não precisa passar o dia todo lá. Não é um passeio pela cidade.

A situação: Sua ex está na cidade e o convida para tomar um café. Você decide ir e sua namorada fica enciumada. Isso é:
A) um mal-entendido?
B) problema dela?
C) problema seu?

A) Se tudo não passar de um mal-entendido, será fácil resolver. Sua namorada se recorda da maneira como você se referiu a essa antiga paixão e pensa que sua lembrança, na verdade, ainda é amor. Compreensivelmente, ela tem ciúme. Se você, gentil e sinceramente, abrir seu coração e contar a ela sobre seus verdadeiros sentimentos, dizendo-lhe que ela nada tem com o que se preocupar, ela olhará para você, verá sua sinceridade e se acalmará.

B) O que fazer se o problema for com ela? Sua namorada sabe que não existe nada entre você e sua ex, mas terá de chover canivete antes que ela o deixe sozinho com outra mulher. Até a sua tia Edna é um problema para ela. Não porque você não seja uma pessoa confiável, mas porque ela é paranóica e quer mantê-lo a centenas de metros longe de qualquer outra mulher. Se você namora uma garota como essa, torcemos para que não se incomode de usar uma coleira apertada.

C) O que fazer com o fato improvável de que esse ciúme seja causado por você? Tudo bem, seja honesto, existe ainda uma atração sexual entre você e sua ex, que sua namorada corretamente captou no ar. Ela se lembra da maneira como você falou da ex e se pergunta por que você, perigosamente, está se colocando no caminho da tentação. Será possível que você e sua nova namorada estejam se tornando íntimos demais para o seu gosto? Se sim, então, poderemos entender por que um simples café com a sua ex lhe pareça tão boa idéia, no mesmo sentido em que jogar um fósforo aceso em uma sala cheia de gasolina pareça uma boa idéia.

Apenas não fique surpreso quando seu novo relacionamento... CABUM! e você for lançado em águas solitárias, porque essa era justamente sua intenção desde o início.

Você é do tipo ciumento?

Se você é daquelas pessoas que podem ser vistas em pleno ataque de ciúme, acampado em frente à casa dela, espreitando-a simplesmente porque você se convenceu de que ela não saiu com as amigas coisa nenhuma, respire fundo e coloque em prática os princípios dos escoteiros. Não se aventure em caminhos desconhecidos quando a visibilidade for ruim e sua bússola da racionalidade não estiver funcionando. Sente-se e faça a si mesmo as seguintes perguntas. Você já foi acusado de ser:
- excessivamente possessivo?
- alguém que nunca confia em sua namorada?
- cronicamente inseguro?

Se respondeu sim a qualquer uma dessas questões, então provavelmente você apresenta tendências ciumentas. Esse é um grande fardo para se carregar, que só gerará infelicidade para você e para todos os que o cercam. A longo prazo, o ciúme também causará rugas e lábios finos. Não subestime o poder que o ciúme tem para sabotar sua vida. Esse sentimento é um devorador de homens e ninguém pode salvá-lo desse monstro, exceto você mesmo. Portanto, procure ajuda: faça terapia, aconselhe-se com o padre ou pastor, examine sua alma ou qualquer coisa que exorcize seus demônios. Bem, também é possível que você seja um idiota cabeça-dura, e, nesse caso, não há nada que se possa fazer. Mas duvidamos disso. Se você fosse, não estaria lendo este livro.

Vamos avançar um pouco mais. Às vezes, sua namorada lhe dá razão para ter ciúme. Talvez, por se sentir um tanto desvalorizada, ela procura chamar sua atenção. Talvez ela esteja querendo lhe dizer alguma coisa (embora de maneira desastrosa). Ela pode querer induzi-lo a agir. Um dia, nossa amiga Jéssica chegou em casa e disse ao namorado que Sylvester Stallone havia batido no carro dela no estacionamento da Universal Studios. "Sim", disse ela, "ele saiu da sua limusine e me convidou para almoçar". Naturalmente, foi tudo uma invenção. O fato de ter escolhido Stallone (Johnny Depp não teria sido melhor?) é a prova do seu desespero, para você ver até onde somos levadas pelo menosprezo e pela desatenção. Agir dessa maneira pode ser manipulador e imaturo. Pode até deixá-lo muito zangado. Porém, cuide disso com paciência; ela pode ter alguma razão.

ESTEJA PREPARADO

O Enigma da Esfinge

Existem homens e mulheres que desejam apenas o que não podem ter. Todos conhecem pessoas assim ou (pasme) talvez sejamos uma delas. Ela se queixa de que não existem caras legais, enquanto passa por cima das suas carcaças para apanhar outro idiota mulherengo. O que você precisa compreender é que ela está lhe dizendo o que ela gostaria de querer, não o que realmente quer. Para ficar com esse tipo de mulher (é provável que ela seja muito bonita e boa de cama), você tem de substituir seus impulsos mais doces por muito sexo para manter o interesse dela aceso. Assim, logo, logo, você estará esgotado.

Alta fidelidade

Foi Henry Kissinger quem disse: "Não é porque você é paranóico que eles não vão pegá-lo na esquina". Por sua vez, Mae West disse: "É bom encontrar um homem com H maiúsculo", e, por fim, Sigmund Freud disse: "Às vezes, um charuto é apenas um charuto". A tudo isso, dizemos: "A não ser que esse charuto esteja sendo fumado por um homem com H maiúsculo de cuecas, você realmente terá um motivo para ser paranóico".

Todo mundo tem uma teoria diferente sobre a traição. E-mails indecorosos? Beijos em festas? Cada um de nós traça o limite em um lugar diferente. Qual é sua política sobre traição? Alguns homens, inspirados pela era Bill Clinton, não consideram a chupada "uma relação sexual com aquela mulher". Outros, cujas raízes se encontram no governo do ex-presidente norte-americano Jimmy Carter, carregam culpa só por terem pecado no coração.

Mesmo assim, eis a pergunta que não quer calar: Como você define traição? Existe alguma hierarquia?

Ainda bem que você perguntou. Nós elaboramos um aparelho para fidelidade que mede a energia liberada pela traição, de um modo muito semelhante à escala Richter, que mede a energia sísmica liberada por um terremoto. Considere o seguinte:

Menos de 3,5. Em geral, não é sentido, mas é registrado por você. Esse nível inclui atividades que podem ser desfrutadas sem quaisquer efeitos colaterais perigosos, tais como paquerar uma garota no supermercado.

3,5 a 5,4. Em geral sentido, mas raramente chega a provocar estragos. Sua namorada notará que você está paquerando a garçonete ou a frentista do posto de gasolina, mas pensará que isso não a ameaça.

Nível 6,0. Provoca leves estragos em relacionamentos bem construídos, mas pode causar prejuízos importantes com namoradas de infra-estrutura frágil. A maioria dos abalos de nível 6,0 inclui atividades típicas dos homens, como cantadas em festas ou encontros casuais.

7,0 a 7,9. Forte terremoto. É capaz de provocar séria destruição em grandes áreas do relacionamento. Você está pisando em terreno instável e sua namorada tem toda razão de estar aborrecida em ver que você é tão robusto. Abalos entre 7,0 e 7,9 podem incluir a língua e correm perigo de ocasionar uma relação sexual extracurricular.

Acima de 8,0. Choque no relacionamento. Não queremos ser rudes, mas pular o muro é pular o muro, e não há panos quentes que possam remediar a situação. Se sua paquera progrediu para o adultério nu e cru, esse abalo provocará considerável destruição em vastas áreas por vários quilômetros do seu relacionamento. Tome cuidado com os escombros.

Paquerar ou xavecar alguém que você acha atraente, seja pela internet, na máquina de xérox ou em uma sala cheia, é viciador e muito difícil de acontecer uma vez só. E-mails sensuais irão satisfazê-lo até que não satisfaçam mais e, então, você se sentirá compelido a avançar o sinal. Um beijo em festas o fará querer beijar mais. Esse é o problema das paqueras quando se namora: ou você acaba com elas ou avança na escala da traição. A dança da excitação sexual age como uma droga, realmente estimulando a dopamina no cérebro. Ela acende seus hormônios e apaga seu bom senso. Você pode saber que é apenas uma paquera inocente, mas seu corpo não. Ele pensa que é uma coisa para valer, e logo, logo, seu corpo começará a convencer sua mente. Nosso conselho para você é: mantenha-se fora do caminho da tentação. Não se coloque na posição em que sua grande cabeça tenha de controlar sua pequena cabeça. Isso jamais acontecerá.

> Sempre nos surpreendemos em ver como homens e mulheres falam sobre infidelidade. "Apenas aconteceu", dizem, como se lá estivessem eles, inocentemente caminhando, pensando nos próprios problemas, quando, de repente, catapimba! Eles tropeçam e caem com o órgão sexual enroscado no de outra pessoa.

Seu coração vagabundo

Em primeiro lugar, os dois sexos têm razões óbvias para trair:
- Não estamos mais ligadas em você.
- Sabemos que você não está mais ligado em nós.
- Conhecemos outra pessoa que – nesse momento – parece ser a resposta.
- Estamos traindo por vingança, retribuindo o mesmo que recebemos.
- Precisamos dar o fora de uma situação e encontrar algo novo.
- Sempre quisemos dormir com outra garota. (Tudo bem, isso só se aplica às namoradas.)

Em segundo lugar, existe uma razão que pertence exclusivamente a vocês, rapazes. Você conhece aquela voz em sua cabeça que diz: "Tenho de transar com ela, porque um dia eu vou morrer e não terei transado com ela". As mulheres realmente não têm uma voz como essa; por isso, não entendemos o poder do impulso ancestral "devemos fertilizar TODAS elas", mas sabemos que ele arrasta os homens como se fossem esquiadores aquáticos rebocados por um transatlântico.

Flagrante delito

Não é necessário que um detetive entre em jogo para descobrir sua traição. O mais provável é que ela seja revelada pelas pequenas – e burras! – coisas que você faz: o registro do seu telefone celular, a conta do telefone, o e-mail que você esqueceu de apagar, a calcinha deixada no bolso do paletó, o vizinho que viu vocês dois juntos, qualquer coisa assim. Embora não sejamos fãs da traição, seríamos negligentes com nossos deveres como provedoras de dicas práticas se não lhe déssemos estes sinais sobre duas armadilhas que sua namorada usará para fazê-lo confessar seu erro. E você cairá como um pato toda vez.

Ela dirá:
"Está tudo bem, não estou zangada, você pode me contar tudo. Eu só quero a verdade."
OU
"Eu já vi vocês dois juntos, li o bilhete, falei com a Susi etc. [preencha o espaço em branco]; por isso, não se preocupe em mentir."

E você responderá assim:
"Tudo bem, já que você quer a verdade e não está zangada..."
OU
"Como você descobriu?"

De uma maneira ou de outra, a isca funciona. Pelo menos, você não pode dizer que nós não avisamos.

> Nosso amigo Paulo chamou a namorada pelo nome errado. Ele inventou que havia sido um engano, uma falha mental, e ambos riram da história. Entretanto, enquanto faziam sexo, ele gritou o nome errado novamente e foi varrido para fora de casa no meio da noite, só de cueca. A traição sempre, sempre, sempre vem à tona. Podemos aconselhá-lo a ser mais cuidadoso, a se tornar um "ninja da traição", mas, embora esse possa ser um bom conselho, ele apenas adia o inevitável.

Você pode conhecer essas armadilhas. Mais que isso, você deve ficar alerta a elas. Contudo, a certa altura, você será obrigado a admitir que manter todos os detalhes de uma história mentirosa (ontem à noite você não contou à sua namorada a mesma coisa que havia dito na semana passada?) está além da sua capacidade. Como já dissemos antes, com poucas exceções, as pessoas querem ser pegas. Por quê? Porque carregar um segredo é emocionante no começo, mas depois se torna um fardo muito pesado. Um segredo torna-se custoso e ninguém é capaz de viver sob uma cadeia de mentiras por muito tempo, exceto um sociopata.

Cortesia & traição

Parece estranho aplicar os princípios da cortesia à traição, especialmente porque não há nada de cortês nela. Eis nossa explicação: sua namorada prefere saber da sua traição por você mesmo, não pelo vizinho, não pela conta telefônica, nem pelo programa de fofocas do rádio. É melhor ser uma namorada traída a uma Sherlock Holmes de saia, rastejando enlouquecida atrás de pistas incriminatórias que o namorado possa ter deixado. Ser incapaz de parar uma busca por alguma coisa que irá partir seu coração assim que encontrada é uma situação horrível para qualquer um.

Além disso, justiça seja feita, apesar de pedirmos a você que nos conte, não podemos garantir que receberemos bem sua traição. Nosso colega Augusto fez um acordo com a namorada de que um contaria ao outro se houvesse um relacionamento sexual extracurricular (por razões de saúde). Ele, de fato, contou a sua escapada e passou as várias semanas seguintes sendo enxovalhado por ela. Depois disso, ele nem sonhava em compartilhar suas aventuras com ela novamente tão breve. Justamente aí está o *x* da questão. Nosso pedido para que os homens contem a verdade pode fazê-los pensar que estamos lhes dando carta branca para agir. Não estamos. Além do mais, você precisa saber que existem aspectos da traição que sua namorada considera mais baixos que um golpe baixo:

- Fazer sexo com outra na mesma cama em que você e sua namorada dormem. Nesse caso, você está traindo a confiança dela. Você tem de ser canalha também?
- Comprar presentes para outra mulher e deixá-los à vista para sua namorada encontrá-los.
- Guardar objetos íntimos que a outra lhe deu: cartas, fivelas de cabelo, bilhetes, calcinhas.
- Registrar seus casos. Seu celular ou seu computador atraem sua namorada como um ímã. Inevitavelmente, ela será arrastada para ler tudo.
- Desfilar com a outra mulher por seu círculo de amizades. Desse modo, você coloca todo mundo em uma posição injustificável.

- Levar a outra ao restaurante preferido da sua namorada.
- Fazer sexo com a melhor amiga ou com a irmã da sua namorada.

Sabemos que a atração é 80% de proximidade, mas deve haver outras garotas também próximas de você; lembre-se de que há mágoas que são irreparáveis.

Sinais de que sua namorada pode estar traindo você

Abrindo o jogo

- Ela está mal-humorada e insatisfeita (mais que o normal).
- Ela vê problemas em tudo, como se estivesse querendo justificar a traição dela encontrando coisas erradas no relacionamento e em você.
- Ela está distante.
- Quando ela se arruma para sair, parece especialmente bonita.
- Ela compra *lingerie* nova e não desfila para você.
- Ela começa a emagrecer. Isso pode ser para agradar o outro cara ou por causa do estresse de mentir para você.
- Ela não quer assumir a responsabilidade por nenhum problema entre vocês dois.
- Você não consegue falar com ela; de repente, ela passa a ter problemas inexplicáveis com o celular.
- Ela tem novos amigos que não quer apresentar a você.
- Você chega em casa e a encontra com outro homem no chuveiro.
- Ela o convida para o casamento dela. Para ser garçom.

Existem muitas razões para não trair: você será pego, irá destruir seu relacionamento; além disso, mentir, assim como o cigarro, faz mal a você (pode não sujar seus pulmões, mas sujará sua alma). Porém, quando você enfrenta o dilema de trair ou não trair, parece que o botão da lógica e da razão fica desligado. Quando você tem uma linda mulher encostada na parede com a saia levantada, esse dilema interior se você deve ou não deve será bem curto.

Você deve tomar uma decisão muito antes de uma linda mulher sussurrar no seu ouvido. Se a traição for uma escolha viável para você, provavelmente você ainda não está pronto para pendurar as chuteiras de conquistador.

Devo ficar ou devo ir embora?

Um rompimento ruim pode quebrá-lo em mil pedaços, e nada será capaz de reconstituí-lo novamente.

Eis o que costuma acontecer com os rompimentos: em geral, você precisa romper três vezes para realmente se separar. Na primeira vez, tudo é muito deprimente e sua resolução é fraca. Na segunda vez, o sexo é tão bom que você ficará convencido de que tudo ainda poderá dar certo. Na terceira vez, você está totalmente disposto a suportar o drama e a mágoa necessários para colocar um ponto final no relacionamento e poder seguir em frente.

ESTEJA PREPARADO

Infelizmente, ser traído, em geral, dificulta sair de um relacionamento. Com as pernas cortadas, pode ser muito difícil atravessar uma porta. Você pode se sentir compelido a tomar uma decisão só para evitar a dor. Não faça isso. Não pegue o bonde andando. Não se comprometa. E não termine o relacionamento no mesmo instante. É natural querer fazer sexo, ficar bem perto, tudo para provar que você ainda é desejado. Não faça isso também. Respire fundo e sinta a dor. A resposta virá naturalmente. Observe mais. Aja menos.

Um rompimento longo e desgastante é uma verdadeira agonia, mas algumas pessoas precisam espremer até a última gota de paixão que existia em seu romance já sem vida. Um pouco desse sofrimento pode ser ótimo para seu álbum de recordações, bem no estilo *Casablanca*, mas, cedo ou tarde, será preciso desligar os aparelhos e deixar o pobre animal morrer. Isso porque já vimos a seguinte situação acontecer mais que uma vez: você não ata nem desata, fica nesse chove-não-molha, até que, de repente, ela toma a iniciativa e termina tudo... e pronto! Lá vai você de novo colecionar outro soneto, outro retrato em branco e preto para maltratar seu coração. Vários compositores, por meio de suas canções, estilo dor de corno, oferecem diversas maneiras de deixar seu amor, e estamos certas de que com a ajuda de uma boa garrafa de cachaça o kit "dor de cotovelo" está completo. Estude a seguinte lista que inclui o que fazer e o que não fazer, e esteja preparado para quando chegar sua vez de pegar a estrada e não voltar mais:

Não faça *telemarketing*. Romper um namoro pelo telefone é ultrajante e covarde. Ponto final.

Não chore as pitangas para as amigas dela. Você conta para as amigas dela na esperança de que a informação chegue lá.

Não a deixe de uma vez. Não acreditamos nessa teoria. Você já tomou sua decisão, já rompeu com ela em sua mente, mas realmente ainda não disse a ela. Não completamente. Não diretamente. Não com todas as palavras. Você está quase certo de que ela pegou a idéia, mas está levando tudo muito devagar e começando casualmente a sair com outras garotas.

Não seja como o Tarzan. É melhor primeiro largar o cipó antes de se agarrar ao próximo, caso contrário, você irá magoar sua antiga namorada e mostrar para a nova que ela não pode confiar em você.

Não a atormente com canções tristes. Isso acontece quando você canta "Pobre de mim, tenha pena de mim", enquanto pratica todo tipo de patifaria para fazer com que *ela* termine tudo.

Não se fantasie de Homem Invisível. Não desapareça, não ignore as ligações dela nem espere nunca mais vê-la outra vez. Você pode justificar esse comportamento porque é um idiota e é mau para ela de qualquer maneira, mas nós, namoradas, precisamos ouvir um adeus mesmo dos idiotas.

Sabemos que se você planeja romper com ela, fazer tudo certinho pode não ser sua prioridade. Além do mais, o que você ganha com isso? Com certeza, você não quer magoá-la, mas fazer sua futura ex feliz não está mais em primeiro lugar na sua agenda. Sabemos que é mais fácil mudar para uma outra cidade e mudar o número do seu telefone. Porém, não faça isso. Veja por que:

Carma. O que vai volta. Chegará o dia, Deus não permita, que será sua vez e, então, você vai querer que ela seja direta.

Reputação. Inevitavelmente, haverá algum tipo de relação, mesmo que distante, entre sua nova namorada e aquela com quem você não terminou da maneira correta. É mais perigoso para sua reputação romper mal do que apenas romper. Esse tipo de coisa se espalha; como você acha que a história "todos os homens são canalhas" começou?

O que acontece se ela romper com você?

Se ela romper com você, existem técnicas de sobrevivência que o ajudarão a passar pelos momentos mais difíceis. A primeira coisa a fazer é procurar amigos que confirmem que ela é uma louca desvairada e que você está bem melhor sem ela. Repita para si mesmo que ela nunca foi grande coisa.

O próximo passo é evitar os dois extremos: o Saltador e o Sofredor. O Saltador é aquele cara que começa a sair com outras mulheres imediatamente. A distração pode realmente ajudar (e o sexo pode ser ótimo), mas os efeitos colaterais superam os benefícios. Logo, você irá se parecer com um competidor do programa de TV *No Limite* que, tendo perdido dez quilos, estabelece residência em uma confeitaria. Você comerá alegremente por seis meses, mas não estará em muito boa forma depois disso. Não aja por impulso. Volte para a linha de partida antes de se lançar na corrida outra vez.

Entretanto, o Sofredor não consegue superar o rompimento. Todos nós conhecemos pessoas assim e muitos de nós já agimos dessa forma. Meses se passam e lá está você, ainda lamentando um amor perdido, ainda atormentando os amigos com histórias nostálgicas da ex-mulher. Se você se encontra em águas paradas como essas, o melhor conselho que podemos dar é aquele que recebemos de nossas avós: "Às vezes, a melhor maneira de esquecer alguém é se submeter a outro alguém".

Mais sorte da próxima vez

Todo mundo comete erros em um relacionamento amoroso. É inevitável. O que vale é a rapidez com que somos capazes de consertar tudo. Os erros se amontoam por dias, atraindo moscas, ou você é capaz de conter o derramamento e limpar a área em um período de tempo relativamente curto? Mais importante que isso, você é capaz de distinguir entre um pequeno derramamento do tipo "Por favor, me passe o papel-toalha" e uma grande bagunça do tipo "Vamos precisar de um aspirador de água de alta pressão"? E, talvez, o mais importante de tudo, você é capaz de reconhecer um acontecimento terminal, aquele do qual nenhum relacionamento se recupera?

Viajar pelo Triângulo das Bermudas de um coração partido é um rito de passagem, e a maioria das pessoas simplesmente não consegue evitá-lo. Para alguns, as duras lições aprendidas estimulam o viajante a apreciar mais as coisas boas, já que ele conheceu de perto as coisas ruins. Outros não alcançam tais benefícios. Eles ficam perdidos no Triângulo das Bermudas da dor e da paranóia e nunca encontram o caminho de volta.

Sua namorada sabe que encontrar um namorado que já tenha navegado pelas turbulentas águas do amor e conseguido chegar a um porto seguro inteiro é uma coisa muito boa. Ela sabe que o sofrimento por amor faz as pessoas mais pacientes, mais preparadas e mais amorosas em um novo relacionamento. Portanto, se você controlar a tempestade de ciúme, a traição e o rompimento, você será aquele tipo de marinheiro experiente e maduro que queremos em nosso barco. Lembre-se: todo relacionamento é fadado a terminar, exceto o último.

CONCLUSÃO

E isso é tudo. Demos a você os fatos, as informações confidenciais, a realidade como ela é, as boas coisas e possivelmente, a verdade nua e crua. Esperamos que você considere este livro não como uma lista de problemas, queixas e maneiras de ser que você deve mudar, mas como uma obra que oferece dicas, compreensão e inspiração. Não aconselhamos você a se empanturrar com este material. Em vez disso, pegue nossas receitas para viver mais feliz e transforme-as ao seu gosto: acrescente alguns ingredientes, retire outros, de modo que, quando servi-las, o prato será você inteiramente, e isso é tudo a que esta obra se propõe.

Por falar em tudo o que ela quer, às vezes, as mulheres cometem o erro de insistir que a qualidade mais importante em um namorado é o fato de ele compreender as necessidades e o quadro emocional da sua namorada. Porém, não é, e você não vai compreender. Mais importante que compreendê-la é aceitar que os costumes e preocupações dela, tanto quanto os de um outro país, fazem parte de quem ela é, e que você deve respeitar mesmo se eles parecerem insensatos a você. (Em alguns países, é normal comer carne de cachorro.)

Agora você está apto a prosseguir em sua viagem, equipado com um bom mapa e com uma bússola confiável. Gostaríamos também de sugerir que você leve, na bagagem, cuecas limpas e muito senso de humor.

Vá pegá-las, tigrão.

Este livro foi impresso pela gráfica Edelbra
em papel *offset* 90g.